虛雲老和尚

奇僧

高僧小說系列｜精選

馬景賢　著◆劉建志　繪

智慧與慈悲的分享

聖嚴法師

小說，是通過文學的筆觸，以說故事的方式，表現人性之美，所以稱為文藝作品。它可以是寫實的，也可以是虛構的，但它必定是與人心相應，才會獲得讀者的喜愛與共鳴。

高僧的傳記，是眞有其人、實有其事的眞實故事，也是通過文字的技巧，以敍述介紹的方式，將高僧的行誼，呈現在讀者的眼前，也是屬於文學類的作品，只是缺少小說那樣戲劇性的氣氛。

高僧的傳記，以現代人白話文體，加上小說的表現手法，那就顯得特別生動而富於趣味化了。我從小喜歡文學作品的原因，是佩服它有高度的說服力，並且能使讀者印象深刻，歷久不忘，並且認為高深的佛法，經過文學的表現，就能普及民間，深入民心，達成化世導俗的效果。我們發現諸多佛經的體裁，是用小品散文、長短篇小說，以及長短篇的詩偈寫成的。

近代已有人用白話文翻譯佛經，也有人以語體文重寫高僧傳記，但尚未有人以小說及童話的方式來重寫高僧傳記。故在《大藏經》中雖藏有極豐富的歷代高僧傳記資料，市面上卻很難見到。我們的法鼓文化事業股份有限公司，爲了使得故典的原文很容易地被現代的讀者接受，尤其容易讓青少年們喜愛，而從高僧傳記之中，分享到他們的智慧及慈悲，所以經過兩年多的策畫運作，推出一套「高僧小說系列」的叢書，選出四十位高僧的傳記，邀請到當代老、中、青三代的兒童文學作家群，根據史傳資料，用他們的生花妙筆、豐富的感情、敏銳的想像，加上電影蒙太奇的剪接技巧，以現代小說的形式，生動活潑地呈現到讀者的面前。這使得歷史上的高僧群，都回到我們現代人的生活中來，陪伴著我們，給我們智慧，給我們安慰，給我們健康，給我們平安。

這套叢書的主要對象是青少年，但它是屬於一切人的，是超越於年齡層次的佛教讀物。

我要在此感謝參與這套叢書編寫出版的全體工作人員，包括編者、作者、畫家、審核者、校對者、發行者，由於他們的努力，才能有這項成果奉獻在廣大的讀者之前。也請諸方先進和所有的讀者，多給我們鼓勵和指教。

一九九五年四月八日晨
序於台北法鼓山農禪寺

推薦序

人生要通往哪裡？

蔡志忠

「只有死掉的魚，才隨波逐流！」

人生是件簡單的事，是我們自己把它弄得很複雜的。

魚從來都不思考：

「水是什麼？

水為何要流？

水為何不流？」

這些無謂的問題。

魚只有一個最簡單的問題：

「我要不要游？
如何游？
游到哪裡？
游到那裡做什麼？」
人常自陷於無明的憂鬱深淵，無法跳脫出來。
人也常走進一條沒有出口的道路，
才發現原來這根本不是自己的人生之道。
兩千五百年前，佛陀原本也自陷於
人生的痛苦深淵……，經過六年的
修行思考，佛陀終於覺悟出：
「什麼是苦？
苦形成的次第過程？
如何消滅苦？
通往無苦的解脫自在之道。」

這也就是苦生、苦滅，一切因緣生的「三法印」、「緣起法」、「四聖諦」、「八正道」，所有攸關於人產生煩惱痛苦的原因和達到解脫、自在、清淨境界、彼岸之道的修行方法。

佛陀在世時，傳法四十五年，佛滅度後，佛陀的思想由他的弟子們傳承到後世，成為今天的佛教。在佛教的發展過程中，留下了許多動人的高僧故事。

除了《景德傳燈錄》記載著所有禪宗各支歷代高僧學佛得道的故事之外，《大藏經》五十卷的〈高僧傳〉、〈續高僧傳〉裡也記載很多歷代大師傳記典故；此外，還有印度、西藏、日本等地大師的故事。通過閱讀過去大德諸賢的故事，可以讓我們對人生的迷惘問題得到啓發。

胡適說：

「宗教要傳播得遠，

佛理要說得明白清楚，

都不能不靠白話來推廣。」

這套高僧小說也繼承這使命，以小說的方式講述高僧的故事。讓讀者能透過這些歷代高僧的故事，得以啓發人生大道。相信做爲一個中華民族的後代，身在儒、釋、道思想的傳統文化背景下，如能透過高僧小說多了解佛教思想，對自己未來人生之路的導引和思考，必定能獲得很大的益助。

雲起雲落

十幾年前，夜宿台東大武金龍寺，第二天起個大早到海邊看日出，天漆黑的，從漁民的住家穿過，惹起一陣狗叫。匆忙趕到海邊時，天邊已露出一縷微光，不久太陽從平靜無波的海面昇起，才一轉眼的工夫，就放出萬道光芒。這時在遠方的海岸邊，有幾個僧尼踩著海邊一道一道的浪花，朝著遠方走去，雖然那是十多年前的事，但至今那幅大自然的美景，仍然深深地烙在我的腦海裡。在我寫虛雲大師的傳記時候，我的腦海中也不斷浮現出那次海上日出的美麗景象。

虛雲大師活了一百二十歲，一生經歷許多大風大浪，遭受不少劫難，決非一般常人所能受得了。但大師一生卻正像那海上的旭日，從東方昇起從西方落下去，又像藍天上的白雲一樣雲起雲落，一生安詳平靜，了無痕跡。如果有的話，就是大師表現的受身捨身的佛教精神。

傳記很不好寫，尤其是爲青少年寫佛教高僧的傳記讀物更難，一定要寫那些「身上有故事的人物」。但虛雲大師活了那麼大年紀，看完資料，卻遲遲無法下筆，因爲在大師的身上有太多太多的故事了。就拿「雲門事件」來說，大師在惡劣環境受苦受難的情形，就可以寫成相當感人的故事，但其可貴的地方不是說大師肯吃苦、受苦，而是大師所表現的護教精神。

從嚴肅的一面記述大師的一生，對青少年來說可能沒有太大的興趣，所以幾經思考後，盡量從「輕鬆」的一面下筆，如大師拜山報親恩，大師對人與自然共生的觀念上落筆。目前自然生態保育觀是大家重視的問題，但在那時候大師不但講護生，而且和動物建立感情，如黃牛求救、雙鵝念佛和八哥念經等，這說明了人和自然能和諧相處的，也闡釋了佛家自古以來並不是那麼神祕的，佛就在我們日常生活中。

「貪」是人間一切罪孽的根源，大師一生修建古寺很多，所經手的錢財難以計算，但大師所得一分一毫全用在建築寺廟上，而且寺廟完成就交僧徒去主持，不居功，不爲己。他做人更不擺架子，就拿他待客來說，常常親手奉茶說：「請用茶。」這種平易對人的態度是發自內心的，因此我們在大師的心裡找不到「貪」和「私」這樣的字眼，這是他最受人敬佩的地方。

大師的心是坦蕩的，他三步一拜到五台山拜山報恩，是孝感天地，才會落水不死並得到文殊菩薩相助。大師一言一行、所做所爲，值得記述的地方太多了，他的苦行、孝行、忍行、捨行和悲行是他一生所奉行的原則，實爲一代佛門的典範。當少年讀者看這本書時，不要認爲「我又不是佛教徒，幹嘛要看這樣的書」，因爲虛雲大師跟我們平常人一樣。寫這本書的眞正目的，只是在說明一些做人處事的道理，因爲大師有許多的長處都是我們最缺少的，最需要學習的。

人生就像雲起雲落，來去匆匆，壽命長短並不重要，最重要的是你活著爲了什麼?從大師的一生言行中，我們明白到，不管你是不是信佛，一個人想活得快活就要有一顆善良的心！

佛學視窗

01

開元寺許願

西元一八四〇年。

廣州灣裡響起轟隆隆的砲聲。

砲火震驚了東南沿海的廣州、福建、廈門、泉州的中國人，也驚醒了沉睡中古老的中國。

英國人強行輸入鴉片，毒害中國人，由於吸鴉片的人愈來愈多，大量的銀元流入英國人的手裡。清朝眼看就要完了，於是派欽差大臣林則徐查禁鴉片，在廣州虎門，一把火燒毀了英國人的鴉片，引起英國的強烈不滿，在廣東沿海集結四十多艘軍艦，因而爆發了外國人侵略中國的鴉片戰爭。

在廈門北方的泉州，古代的時候是個很繁華的港口。這個被馬可波羅稱爲「刺桐城」的古都，從明朝開始門戶大開之後，因爲受到日本倭寇的不斷侵擾，地位漸漸被廈門和福州取代了。當地居民有的移民到東南亞，有的搬遷到台灣。如果您現在到泉州走走，會看見一座伊斯蘭教聖墓，聳立在泉州東邊的靈山上；也會在城的西北方，看見仿照敘利亞首都大馬士革建造的清淨寺，從中都可看出過去泉州繁榮的景象。

＊　＊　＊

清道光初年（西元一八二一年），湖南有個科舉出身，名爲蕭玉堂的人，到泉州來做官。轉眼間，蕭老爺從湖南湘鄉到這裡已經有二十多年了。現在因爲鴉片的事情，泉州聞到的砲火味道一天比一天濃。當地方官的蕭老爺，心裡免不了有些急躁不安。

一天，蕭老爺在客廳裡，踱著方步，心裡算計著，廣州灣的砲火要是打到泉州來，他該如何防禦？怎麼樣保護老百姓的生命財產呢？可是聽說連欽差大臣林則徐都被革職了，如果像他那麼有魄力的大官都解決不了問題，就憑他一個小小的地方官，又能怎麼辦呢？

蕭大人左思右想，實在想不出什麼計策，心裡思緒起伏有如大海中的波濤。他喊著老管家說：

「準備轎子。」

「老爺要到哪兒去？」

「開元寺。」

這時靜坐在大廳一角的蕭夫人，看著蕭老爺心神不寧的樣子，想安慰他一兩句，也不知道如何開口，聽到他要到開元寺去，勸著說：

「現在外面鬼子鬧得很兇，……聽說英國人已經到了廈門。」

「心煩啊！」

蕭夫人當然不敢阻止蕭老爺出去，但又有些不放心，於是忙著打扮了一下，她說：

「好久沒去燒香了，我也去一下吧！」

「嗯！」

老管家很快準備好兩台八抬大轎，直朝泉州西北的開元寺去。

平常日子，蕭老爺和蕭夫人常到附近寺廟拜佛進香，對修建寺廟、施捨樂捐，幾乎是他們生活裡重要的大事，而開元寺更是他們常去的地方。

開元寺是在唐朝時候建築的古廟，其中最有名的紫雲殿，有石柱九十四根，所以又稱爲百柱殿。大雄殿供奉著五尊佛像，中間供的是釋迦牟尼佛，這

尊像相傳是唐玄宗特別御賜的禮物。

寺裡的面積很大，到了泉州最先看到的是寺裡的雙塔；東塔叫鎮國，西塔叫仁壽，塔上的石雕非常精緻華麗，成爲泉州最明顯的標幟。

蕭老爺領著家人拜佛後，到寺院裡散步，不斷用雙手撫摸著塔上的石雕，想把雜亂的心平靜下來。

在拜佛時，他雖然祈求國泰民安，但心中卻還有另外一個願望；這也可以說是他多年來的心願，希望神明讓他有個兒子，好延續蕭家的香火。

蕭夫人跟在後面，她比誰都了解蕭老爺的心情，她知道蕭老爺心裡想的是什麼。其實，她的心裡也有一種說不出的苦悶，由於一直未能生育，她對蕭家懷有很深的愧疚。而她現在已經是四十多歲的人，要生兒育女更不容易了。

她和蕭老爺一起禮佛燒香，雖然兩個人都沒有跟對方商量，但在佛前許過願的心情是一樣的：求菩薩保佑，不要讓蕭家斷了香火。

02

驚夢

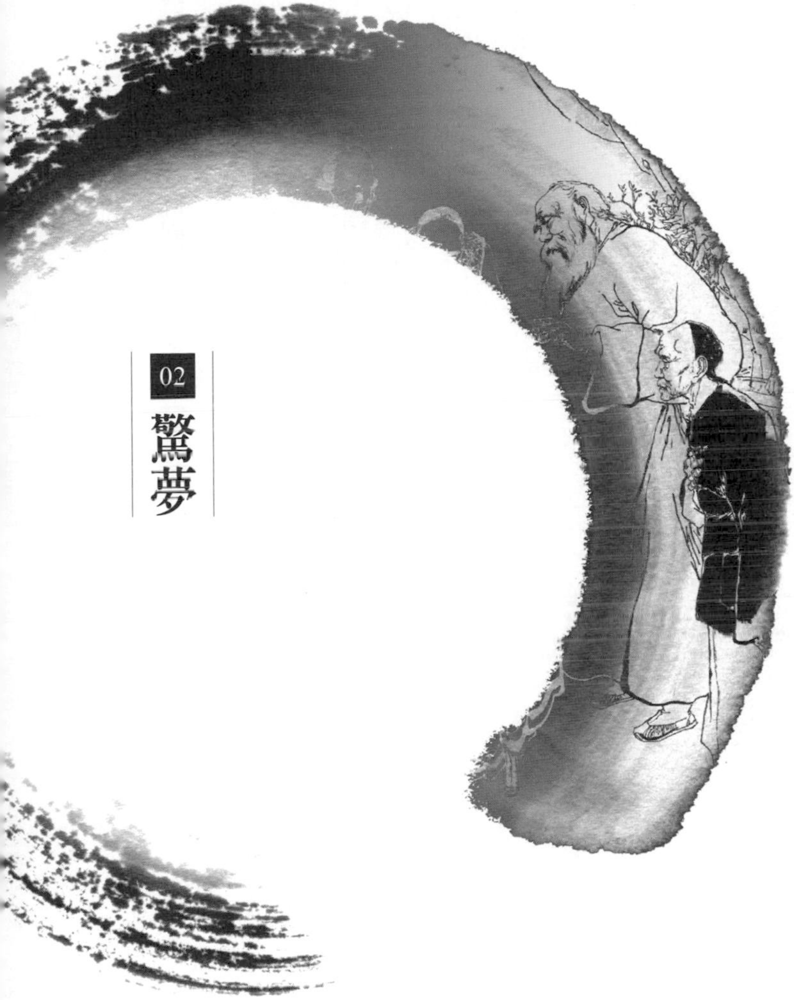

從開元寺燒香拜佛回來的路上，蕭老爺都沉默寡言，有如千斤重擔壓在心頭。

回到家裡，蕭夫人更是心事重重：東南沿海砲火連天，眼看兩個人又都老了，一輩子唯一的希望就是有個兒子，現在連想都不敢想了。

夜裡，蕭府大院裡一片寂靜，所有的人都進入夢鄉。但是有兩個人卻一直無法安眠，那就是蕭老爺和他的夫人。

蕭老爺整夜睡睡醒醒。

蕭夫人翻來覆去，好不容易才闔上眼，突然又被夢境驚醒，驚恐地喊著：「救命啊！」

「你怎麼啦？」蕭老爺被恐怖的叫聲驚醒。

「我……我……做了一個好奇怪的夢！」蕭夫人像受了驚的小鹿，斷斷續續地說。

「夢！」蕭老爺充滿倦意的臉上露出吃驚的樣子：「你做了一個夢？」

「是啊！」蕭夫人大大吸了一口氣說：「我夢見一個長鬍子老頭兒，騎著

一隻大老虎，頭頂著觀世音菩薩衝到我的床前……。」

晨曦，從窗戶縫兒透過來，蕭老爺緊緊握著夫人的雙手，眼睛直盯著夫人，像一切都靜止了。

「老爺，您怎麼啦？」

「會有這種事？」過了一會兒，蕭老爺輕輕地說。

「什麼事呀？」

「天下會有這種事？怎麼我做的夢完全跟你一樣呢！」

做夢是件很平常的事，但兩個人同時做了同樣的夢，的確是件很奇怪的事。

日子過去了，做夢的事早就淡忘了。

有一天早上，蕭夫人滿臉喜色，對著蕭老爺微微地笑。然後很不好意思地說：

「老爺，我……我有身孕了。」

「什麼？」蕭老爺楞了一下，又追問說：「你……你說什麼？」

「我懷孕了。」

「唉！」蕭老爺看了她一眼，不太相信地說：「我看你是想生個兒子，想瘋了。」

「不！」蕭夫人很認眞地說：「大夫看過了，是……是眞的。」

蕭老爺對著夫人，從上到下看了一遍，她的身材是有些不一樣了，看樣子不像是假的。

「老爺還不相信？」

「相信！相信！」蕭老爺笑了，笑得好像很久沒露臉的陽光，他嘆了一口氣說：

「唉——總算祖上有德，希望菩薩保佑，讓我們蕭家有個後吧！」

從這一天起，蕭老爺天天口念阿彌陀佛，蕭夫人更是早晚一炷香，念佛吃齋。他們對做善事比過去更熱心了。

＊　＊　＊

日子過得很快，可是對蕭夫人來說，年紀那麼大了才懷孕、生產，是件很辛苦、很危險的事，所以每天都可說是度日如年。

日子一天一天過去了，終於盼到蕭夫人生產的日子。道光二十年（西元一八四〇年）七月二十九日，是蕭府大喜的日子，但也是最悲痛的一天。

蕭夫人因爲年紀大難產，生下來的不是個胖娃娃，而是一個很大的肉團。當她忍受著痛苦生產完，筋疲力竭地攤在床上，見到自己產下的是一個大肉團時，一時驚嚇過度，昏迷不醒，竟然就此離開了人間。

第二天，蕭府上上下下愁容滿面，一方面哀傷蕭夫人難產過世，另一方面更爲蕭夫人產下的大肉團慌亂不已。這兩樁令人哀傷的事，引得親朋好友都來到蕭府，大家議論紛紛，府內顯得忙亂不堪。

有個賣藥的老人，路過蕭府，看見蕭府上下爲了肉團感到驚恐不安，也在人堆裡擠來擠去。

蕭府老管家，看見那個穿得破破爛爛的老頭子，很生氣地大聲吼著：

「喂！喂！到一邊兒去，這裡哪有你的份兒！」

「看一看有什麼關係！」賣藥的老人瞪老管家一眼，很不服氣地回敬他一句。

「不准看！」老管家很生氣，一邊說著，一邊將賣藥的老人推出屋外。

「告訴你，我非看不行，這個『怪胎』呀，說不定只有我才有辦法處理呢！」

老管家一聽到怪胎兩個字更惱火，舉起拳頭就要打。

蕭老爺心裡正煩著，聽到有人吵鬧，出來一看老管家正要舉手打人，他立刻喊著：

「住手！」

「老爺，他……。」

「不管他說什麼，那麼大年紀的人了，不可以動手打他。」

蕭老爺忙著讓人拿錢給賣藥的老人。

「我不是討飯的。」賣藥的老人有些生氣的樣子。

「啊！對不起，」蕭老爺愁容滿面地說：

「家門不幸，大家都很心煩……。」

「老爺！」賣藥的老人不等蕭老爺說完就插嘴說：

「我能看看那個肉團嗎？」

蕭老爺眉頭一皺，顯然有些不願意，但仍然耐著性子說：

「唉——，一個大肉團有什麼好看的。」

「不，依我看這可不是個普通的……。」

「什麼？」蕭老爺聽他說話的口氣，不像是個江湖賣藝的，連忙追問說：

「你怎麼知道不是個普通的肉球呢？」

蕭老爺把老人請進屋去。賣藥的老人往前湊進大肉團幾步，彎下腰，斜著腦袋，對著燈光仔細看了一下，滿面笑容地說：

「恭喜您呀！這……這個肉團裡是個胖娃娃呀！」

「胖娃娃？」蕭老爺有些不太相信。

蕭老爺彎下腰，斜著頭對著燈光看了看，似乎眞有個小孩的影子。他愁眉不展地說：

「人都死了，生下個肉團又有什麼用？」

「別愁！讓我想個法子。」賣藥的老人從衣袋裡拿出一把刀子。

「你要幹什麼？」老管家想阻擋他。

「我要救出肉團裡的孩子呀！」

蕭老爺心想，反正人已經死了，一個肉團又有什麼用，不然也是要丟掉，讓他試一試也無所謂。他對老管家說：

「就讓這位老人家試一試吧！」

於是賣藥的老人，把像個西瓜大的肉團擦了擦，放在一張乾淨的木桌子上。四周的人都張大了眼睛看著那賣藥的老人。他挽起袖子，拿起小刀在肉團上輕輕一滑，嘩啦流出一灘水，出現在大家面前的竟是個白白胖胖的小娃娃。

這時大家都看楞了。蕭老爺吩咐小太太王夫人說：

「快……快呀，還不快把孩子抱起來。」

王夫人也顧不得孩子一身的血水，抱著孩子就往屋裡跑，經過擦洗，那個

胖娃娃竟然「哇哇哇！」大哭起來。

蕭老爺聽到孩子的哭聲心裡好歡喜，口中不斷謝天謝地。等大家都靜下來要謝那個賣藥的老人時，一轉眼就不見人影兒了。

蕭夫人雖然難產死了，總算留下這個孩子。從此便由蕭老爺和王夫人照顧。

這個從肉團取出來的小娃娃，就是後來在鼓山湧泉寺出家的古巖，也就是後來的虛雲老和尚。

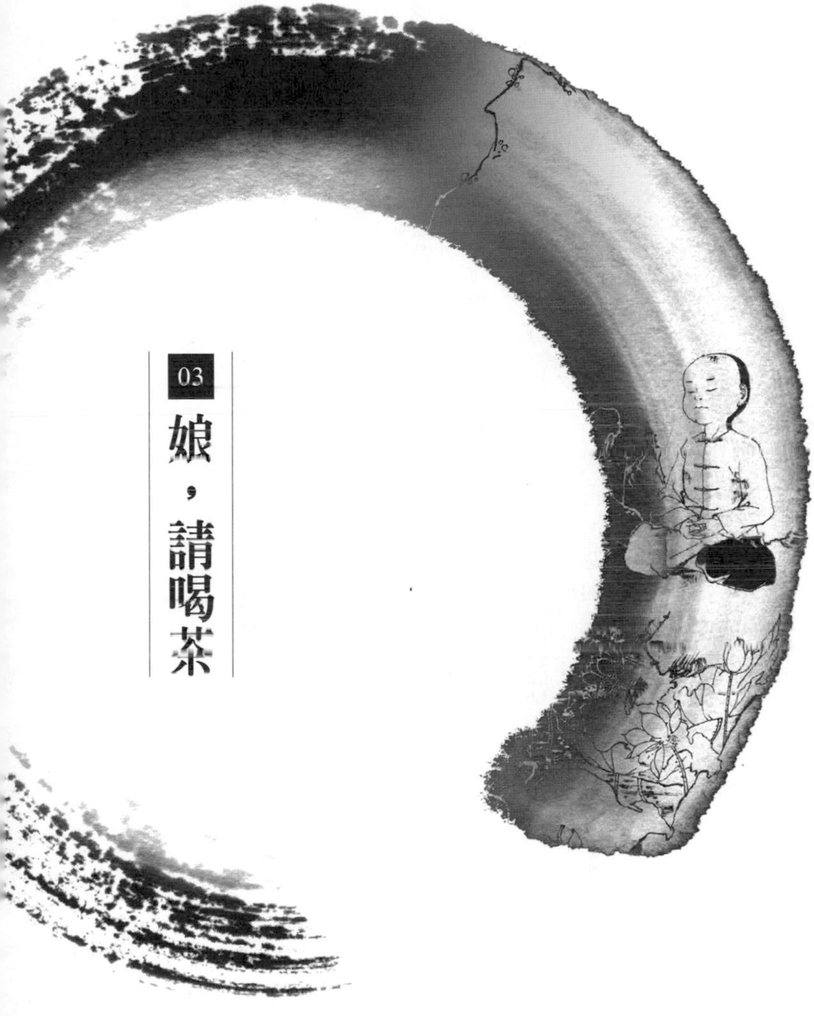

03 娘，請喝茶

「娘，請喝茶！」

一轉眼，小娃娃已經是三歲大的小男孩。他接過佣人倒好的一杯茶，恭恭敬敬地端到王夫人的面前。

王夫人帶著滿臉慈祥的笑容，用手指著佛堂上供奉的牌位說：

「孩子，先給你親娘敬茶。」

小男孩看看庶母，再看看供桌上的「顏氏夫人」畫像，因爲還搆不到供桌，小男孩轉手把茶交給佣人放在供桌上。佣人把茶放好了，然後跪在供桌前，臉上帶著非常認眞的表情，磕了三次頭，他的一舉一動讓人看了都很感動，一點也不像是個小孩子的舉止。

在供桌前行完禮，他又端了一杯茶給庶母王夫人：

「娘，請您用茶。」

「好！」王夫人從小男孩手裡接過茶說：

「你很乖，以後一定要先給你親娘。」

「第二杯再給您，對不對？」小男孩笑著說。

「對……。」

這時候蕭老爺從外面走進大廳，故意提高嗓音說：

「那……我是第幾杯呢？」

小男孩看到父親來了，起初一楞，然後說：

「第一杯給娘，第二杯給爹……。」

「這孩子可眞乖啊！」王夫人對著蕭老爺說。

「這多虧你呀！孩子雖然不是你親生的，可是照顧得比親娘還要好，這樣，我也就放心了。」

「爹！」小男孩突然仰著小腦袋瓜，帶著疑惑的眼光問：

「我娘到哪兒去了？她……她長得就像畫的模樣兒嗎？」

蕭老爺和王夫人聽了小男孩這麼一問，誰都答不出話來。

「娘，爹！」小男孩追問著：

「你們說呀，我親娘到哪兒去了？」

「好……好……，過幾天我再告訴你。」王夫人抱起小男孩，目送蕭老爺走了出去。

小男孩仍然吵個不停，吵著問娘到哪兒去了。

王夫人抱他到花園去，哄著他說：

「我們去看魚、看小青蛙去。」

花園不大，但布置得挺耐看，小小池塘裡點綴著幾朵荷花，使得花園顯得特別清幽。

「撲通！撲通！」

池裡的小青蛙聽到人的聲音，嚇得一隻一隻跳進水裡。只有一隻小青蛙，閉著眼，一動也不動地坐在一片大荷葉上。

「娘，你看，小青蛙睡著了。」小男孩喊著。

「牠沒有睡覺。」

「那牠在幹什麼？」

王夫人沒加思考地說：

「小青蛙在打坐啊！」

「打坐？」

小男孩瞪大眼睛又好奇地問：

「什麼是打坐呀？」

「打坐就是……就是……。」

「你說呀！你說呀！」

王夫人只是順口說一說，想不到引起他的好奇心。她想，小孩哪裡懂什麼打坐，但又不能不告訴他。

她想了想然後說：

「你見過開元寺裡的和尚嗎？」

「有啊！」小男孩接著說：

「他們盤著腿兒，閉著眼睛，像池塘裡的小青蛙呢！」

「對了，打坐就是這個樣子。」

「那爲什麼要打坐呢？」

「這……。」庶母又被問倒了。

小男孩一直聽到「這……這……」，不加思索地反問：

「是不是忙得太累了，想要安靜安靜……。」

「對！」王夫人不等小男孩說完，她搶著說：

「他們整天接待燒香拜佛的善男信女，爲了不受外界的影響，所以每天都要盤腿靜坐，讓心境安定下來。」

「那小青蛙爲什麼打坐呢？」

這一問又難倒了王夫人。

「說呀！小青蛙爲什麼要打坐呀？」

王夫人被問得一時也回答不出來。

「我知道了，小青蛙想他媽媽，心裡很難過，所以才打坐對不對？」

「對！對！」王夫人順口說著，但聽了小男孩這麼一說，眼圈兒都紅了。

「那我以後也要打坐！」

「你還小，你還小！」

「不，小青蛙那麼小都會打坐，我也要打坐，我想我媽媽的時候也要打

坐。」

從這次以後，小小年紀的他便常常有模有樣地盤著腿，閉著眼睛，對著池塘，一坐就是好半天。

有時候，小眼睛裡流出兩行淚珠，在陽光照射下，像一串晶瑩的佛珠閃閃發光。

04

佛緣

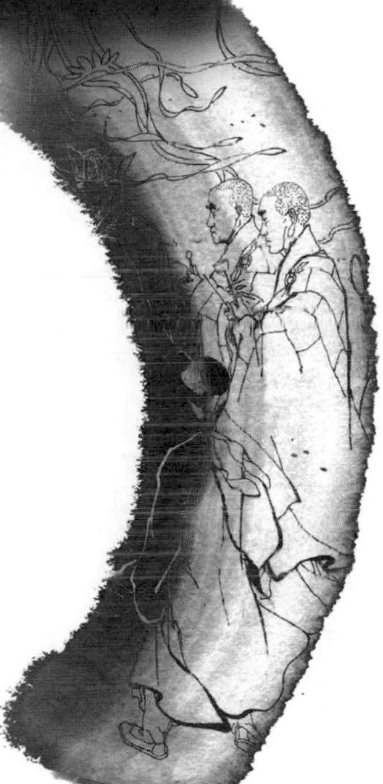

開元寺是蕭家常常去的地方，可是蕭家這個小男孩最喜歡的地方是寺裡的賜恩岩。

在泉州最高的地方有塊大岩石，相傳從宋朝開始就出了名，因爲石頭的樣子很像一尊觀音像。在別的小孩子眼裡，那只不過是一塊大石頭，但對他來說，那巨大的石頭，是一尊栩栩如生的觀世音菩薩。

「孩兒，你知道你是哪裡來的嗎？」庶母王夫人問。

「是觀世音菩薩送來的。」小男孩毫不猶疑地說。

王夫人摸摸他的小腦袋，心頭有一股說不出來的疼愛。的確，這個生下來就沒看見過母親的小孩，跟一般的孩子不一樣，他最喜歡跟著家人到寺廟裡燒香拜佛。

有一次，全家人到福州的湧泉寺燒香，想不到在他小小腦海裡卻留下最深刻的印象。

福州鼓山的風景非常美麗，山上有很多的古老寺廟，其中以湧泉寺最古老，這座古寺是在五代十國的時候建造，已經有一千多年的歷史，寺裡有很

多珍貴的佛教文物，到現在仍然保留了二十多幢殿堂，爲福州五大禪寺之一。

蕭府一家大小在寺裡燒香拜佛，轉來轉去，過了好一陣子才發現小孩不見了。大家慌做一團，找了好久才找到他。

他看到家人來了也不理，仍然站在二門前，用小手指著彌勒佛前的對聯，一個字一個字念著；有時候念不下去就歪著頭，一邊胡猜一邊亂想：

手上只一金元，你也求，他也求，未知給誰是好；
心中無半點事，朝來拜，夕來拜，究竟為何理由？

老管家拉著他要他走，他卻理也不理，對著對聯念了一遍又一遍。

王夫人笑著對他說：

「你認得這些字嗎？」

「認得！」

「你懂嗎？」

「當然懂了。」

王夫人聽了只是好笑，那麼小的年紀哪裡懂呢！大家哄了好半天才把他哄走。

回到家後，他馬上拿著紙筆把那幅對聯寫了下來。

蕭老爺看了雖然很高興，但心裡也暗暗大吃一驚，不明白這小小的年紀怎麼這麼成熟呢？

＊　＊　＊

咸豐二年（西元一八五二年），蕭家唯一的香火已經十三歲了。

這時候，由於鴉片的問題，東南沿海一帶非常不安定。蕭老爺在泉州當官已經當了好多年，看到局勢很亂，爲了落葉歸根，決定把小孩的祖母和母親的靈柩送回湖南老家去安葬。

湖南湘鄉蕭家是個大戶人家，蕭老爺認爲小孩的祖母和母親的安葬是鄉裡

一件大事，完全依照中國傳統中超度亡魂古禮，念經做佛事，一連好多天才算完畢。

想不到，十三歲大的孩子天天守在靈前，幾乎很少離開過，因爲他聽到那叩叩叩的木魚聲，那朗誦經文的聲音，那在風中翻飄的袈裟……，僧尼們誦經的每一個小小動作，都讓這個孩子感到濃厚興趣。

蕭老爺把超度安葬的事料理完了，又回到泉州去，但把孩子留在他伯父家，跟著伯父的兒子一起讀書。

湘南的南嶽衡山，有七十二峰，山勢非常雄偉，其中以天柱、芙蓉、紫蓋、石廩最爲有名。祝融峰最高，上面有藏經殿和方廣寺，水簾洞更是出奇。他和堂弟富國除了在一起讀書、一起玩，有空的時候也出大人帶他們一群族裡的小孩到這座名山遊玩。

有一次，族裡的小孩聚在一起玩，等到天快黑了，才突然發現這個孩子不見了。

原來當大家玩得正起勁的時候，他趁沒有人注意，悄悄地離開小伙伴，一

個人沿著山路朝衡山走去。其實，衡山在哪裡，往哪邊走，他根本弄不清，只是一路朝山上走去。說起來很奇怪，他像有人帶路領著他走一樣，一路上看山、看水，一點也不覺得累。

山裡夜色來得早，天色漸漸暗了下來，但是他兩條小腿像上了發條似的，仍然沿著山澗小路往上走。他一點也不怕，也沒有想往回走，肚子餓了摘個野果子吃，渴了就喝山澗裡的流水。

後來，富國一看哥哥不見了，急得滿頭大汗跑回家，一邊跑一邊大聲喊著：

「爹……爹……。」

「你慌慌張張幹什麼呀？」

「哥哥……他……他不見了。」

這下他的伯父一聽也慌了，急忙派管家四處去找，可是連個影兒也沒見到。這時他的堂弟突然說：

「爹……，他……他上山了。」

「上山？」他的伯父瞪大眼睛說：

「他上山幹什麼？」

「我……我……。」

「快說呀！別我我我的！」

「我常聽他說，他要到山上出家。」

「胡鬧！胡鬧！簡直是胡鬧……。」小孩的伯父很生氣地說。

大廳裡一張一張焦急的面孔，使得氣氛顯得更緊張。伯父想了想，他覺得這個孩子是跟一般的孩子有些不一樣，說不定眞的是上山了。他吩咐家人說：

「快，大家趕緊到山上去找！」

深夜，蕭家的人分成四路，沿著上山的小路去搜尋，大家手持火把，遠遠看去，像一條一條的火龍，在彎彎曲曲的山路上爬動。吵雜的人聲打破了寂靜的山林，驚動了山中的飛鳥，尤其是那些調皮的猴子，一直在林間跳來跳去，吱吱喳喳叫著，好像在抗議人們吵了牠們的安寧。

大家一邊走一邊喊著他的名字。當走到半山處，有一群猴子擋住了去路，再細看，原來這群猴子團團圍在一起，找人的人馬拚命地衝過猴群，在火把照

耀下，看見山洞裡睡著一個小孩，原來就是離家失蹤的小男孩。

火把照得山洞通亮，小男孩被強光照醒了。

「小少爺，回家吧！」

他揉揉被火把刺痛的眼睛，一看是管家，他堅決地說：

「不，我不要回家。」

「不行呀！老爺急壞了。」

「不……不……。」他喊著說：「我要上山去出家！」

大家聽了嚇一跳，但不管他怎麼鬧，還是合力把他抬下了山。

從這次事件之後，他的伯父看管得比較嚴了。他也怕給伯父添麻煩，所以再也沒有發生離家出走的事。

十七歲那年，他已經是青年，決定再次上山出家。不久，又被他伯父找回來，因爲怕他再出家，就把他送回泉州去。

蕭老爺對兒子在家鄉的一切情形都知道了，爲了不讓他再出走，決定爲他完成婚姻大事。

05 離俗

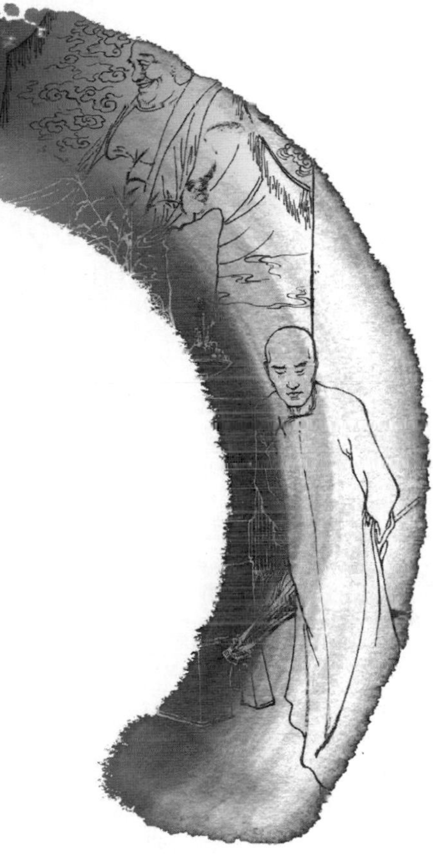

紅燈籠隨風輕輕搖動。

紅燭閃閃，發出輕柔的紅光。

鼓聲、鑼聲和祝賀聲在蕭府中沸騰著。

蕭老爺為兒子娶了兩房媳婦，表面很高興地對著賓客寒暄，內心仍然有些不安，因為從過去的情形來看，他不免擔心這樣做，眞能留住兒子的心嗎？

蕭府喜事過後，又回復往日的平靜。

他成家後想要出家當和尚的心願又多了一層壓力，他面對著年輕貌美的兩個妻子，不知該如何向她們說明他的心願，因為他不願傷了她們的心。因此，表面上日子雖然過得很平靜，內心卻在痛苦中掙扎。

而兩位新婚的妻子田氏和譚氏，從旁冷眼注意這位一心向佛丈夫的一舉一動，希望能從他的生活裡，深入了解他，好勸他打消離俗出家的念頭。

一天，妻子田氏輕聲地問：

「你一心向佛，想要離俗出家，到底佛是什麼呢？」

他知道妻子又想勸說，便笑一笑說：

「即心是佛。」

「那什麼是道呢？」妻子譚氏問。

「平常心就是道啊！我們平常日子穿衣、吃飯、做事，沒有一樣不是道啊！」

什麼是佛、什麼是道，說起來簡單，實際上不是三言兩語就說得清的，他反而抓著這個機會，一有空就對新婚夫人談些佛法的事。後來，她們知道丈夫出家的心願很堅定。兩位妻子含著淚水說：

「你出了家就不想家了嗎？」

「家？」他臉上露出平和的表情說：

「我們只要放得下心頭上的包袱，咫尺就是家呀！」

「可是出家不像你想得那麼好，是要吃苦的。」

「這我都知道，黃檗禪師說得好：

學道猶如守禁城，緊把城頭戰一場；

不經一番寒徹骨，怎得梅花撲鼻香？」

黃檗禪師是誰？詩的眞正意思是什麼？對兩位年輕的妻子來說，可能不是太了解。他喝了一口茶，緩緩爲她們說：

「我們眾生都沉淪在苦海中，被五欲❶纏著，被塵世間的俗事所迷惑，所以日子過得很苦，不能解脫。學道修行其實就好像在和自己打仗一樣，面對種種欲望，要用很強的意志力才能超脫出來。」

「這跟梅花又有什麼關係？」妻子譚氏問。

「啊，梅花是在冬天下雪的時候開花，此時其他的萬物都在避寒、冬眠，而草木遇到霜雪都凍死了，連塵土也被雪覆蓋飛不起來了。」

「梅花在雪天可以綻放，吐出芬芳……。」妻子田氏似懂非懂地說著。

「對的，梅花要經過冰雪的洗禮才會開花。就如同學道修行，要經得起煎熬，才能養成崇高的人格。」

年輕的妻子們知道丈夫出家的心是堅定的，已經不是單靠親情就可以說服得了的事。因此，起初雖是她們勸他、安慰他，到後來，想不到反而是他安慰她們了。

只要有機會，他就爲她的庶母王氏和兩位妻子說法。他和兩位年輕的妻子，漸漸從情侶變成了淨侶。他這樣做，是爲了離俗作準備。

＊＊＊

十九歲那年，他決定上山出家了。

臨行前，像平常日子一樣，他爲王夫人奉茶，爲妻子說法。最後倒了三杯茶，恭恭敬敬端給她們：

「請用茶！」

當時王夫人和兩位妻子感覺他有些異樣，但又看不出有什麼特別不對勁的地方，只是覺得有些怪怪的。

他回到自己屋裡，拎起一個預先準備好的小包袱，趁家人不注意的時候，

悄悄從後門溜出去，直朝鼓山湧泉寺出發。

鼓山離福州二十多里，他小的時候來過湧泉寺，讓他記憶最深刻的是三門前那幅對聯，他一直都沒有忘記。沿著上山的路上，他一邊走一邊默默念著：

手上只一金元，你也求，他也求，未知給誰是好；
心中無半點事，朝來拜，夕來拜，究竟為何理由？

心裡念著念著，到了後來竟像唱歌一樣，嘴裡嘟嘟噥噥唱了起來：

「你也求呀，我也求呀……。」

他這樣唱，一來可以解除寂寞，同時也可以說是驅逐他心中的不安，因爲他怕家人來追趕他。

一路上唱唱哼哼，漸漸到了白雲峰，可以看到不遠的地方就是禪寺的三門了。他進了湧泉寺先朝彌勒佛行過禮，抬頭一看，裡面還有一幅對聯，那可能是小時候沒有留意到的。他往前走了幾步，一個字一個字念著：

日日攜空布袋，少米無錢，卻剩得大肚寬腸。
不知眾檀越❷信心時，用何物供養？
年年坐冷山門，接張待李，總見他歡天喜地。
請問這頭陀❸得意處，有什麼來由？

他一邊念一邊摸摸口袋，連一個大錢也沒有，再看看那三門，高大雄偉，卻顯得冷冷清清，不覺笑了笑說：

「好，好，寫得太好了。」

他正自言自語時，忽然聽到一聲「阿彌陀佛——」。他連忙把肩上快要滑下的小包袱往上拉了拉，雙手合十❹，朝著向他走來的覺心法師行禮。

「施主請裡面坐。」

「謝謝。」

這個一心要出家的人，跟著寺裡的法師繞過長廊來到禪房。

「請問尊姓大名？」

「敝姓蕭，湖南湘鄉人。」

「啊，從那麼遠的地方來的？」

「不，從泉州，家父住在泉州。」

「是不是蕭府蕭老爺玉堂先生的公子？」

「不敢，不敢。」

「失敬，失敬，請用茶。」

「您認識家父？」

「聽說過，沒見過，不過常聽妙蓮師父提起，說泉州的蕭老爺樂善好施，供養過很多寺廟不少香油錢。」

他聽了一楞，心裡想：這下可糟了，我若在這裡出家，很快就會被父親找到，眞後悔說出了自己的家世。

「施主！施主！」覺心法師看他一直發楞，連喊幾聲，他才聽到，陪笑說：

「啊……，對不起！我是被這裡的清幽景色迷著了。法師，我能……在這裡住下嗎？」

「行呀！蕭大人的家人，還能不行嗎？」

「不，法師，我想……出家……。」

「這……，恐怕……。」覺心法師一時也不敢答應。

「法師，我可以吃苦，我很早就想出家呀！」

「這個我做不了主，要先去請問妙蓮師父去。」

「好啊！那就請帶我去拜見師父，好不好？」

覺心法師帶著他穿過經房，到了裡面最小的一間禪房，輕輕敲門：

「師父，有施主求見！」

「請進！」

他進了禪房，只見妙蓮師父坐在地上，四壁空無一物，但給人的感覺是一股說不出的謐靜、肅穆。他向妙蓮師父頂禮，妙蓮只輕聲念了一聲「阿彌陀佛」。

他拜完一直站在一旁，像一根木頭似的立在那裡，心想：師父總要說句話呀！

時間過了好久，帶他來的覺心法師說：

「師父，施主他……想，想在寺裡出家呀！」

「嗯！」

「師父，您答應嗎？」他有些心急地問妙蓮師父。

妙蓮師父冷冷淡淡地說：

「修道先修心。覺心，帶他下去吧！」

覺心用眼示意他離開，兩個人行過禮出了禪房。這個想出家的青年有些失望，因為妙蓮師父的態度冷淡，他握著覺心的手，很著急地問：

「師父答應我沒有？」

覺心搖搖頭。

「那剛剛妙蓮師父說修道先修心的意思是……。」

「師父的意思是你可以先在寺裡住下來，至於你要出家的事並沒有答應。」

「唉──」他失望地長嘆了一聲，像個漏光了氣的大氣球。

「施主，別心急，先暫時住下，也許……也許……。」

「也許什麼？」

「也許過些日子，施主在這裡住不習慣。」

「不！覺心法師，我早就下定決心了。」他堅定地說。

覺心看看他不像是一時心血來潮就想出家的人，便好好安慰他不要心急。

從此，他跟著覺心法師早晚禮佛誦經，完全過著出家人的生活。雖然他看起來似乎很平靜，可是心裡並不安定，因爲妙蓮師父還沒有答應他出家的事。

一天，他和覺心飲茶論道。

「你知道人有多少煩惱嗎？」

他想了想，他想佛法有八萬四千法門，那人一定也有那麼多的煩惱，每一法門就治人一種煩惱，所以他毫不考慮地說：

「八萬四千！」

覺心聽了好高興地說：

「不錯，實際上人間的煩惱何只這些？但是不管有多少煩惱，修行就是要以能消除煩惱爲基礎。」

「依法師的意思，勤加靜坐就可以得定而祛除煩惱了？」

「不錯，你說得對。不過，如果只爲了自己除煩惱而得『定』，不是爲了別人，也只能達到自我解脫的境界。」

「那如果是爲己又爲人呢？」

「喔！那就要修行到最高境界的菩薩，也就是大乘法門。」

「阿彌陀佛！」禪房外傳來妙蓮大師的聲音。

「你們談得好開心啊！」

「師父您都聽到了？」覺心兩人一邊行禮一邊說。

「嗯！」妙蓮師父點點頭，臉上露出慈祥的笑容。

「師父，請用茶。」蕭家少爺恭恭敬敬給妙蓮師父端上茶。

「你來了有一段時間啦？」

「是的，師父。」

「我剛剛聽你和覺心的談話很不錯。」

「請師父開示。」

「修行不只是靜坐，修行如果只爲了自己求解脫，最高不過到阿羅漢果❺；修行要爲眾生，要追求更高的層次，一切都要爲眾生。」

「謝謝師父開示。」他說著，撲通一聲跪在妙蓮師父眼前：「求求師父收我爲徒。」

「起來，」妙蓮師父說：「我早就看出你很聰明，很有慧根。可是，你要知道，令尊大人是我們的施主，恐怕……。」

「不，師父，家父如果來了我也不回去！」

妙蓮師父這段時間來雖然很少跟他見面，但他的一切生活情形覺心法師都隨時向他報告。在他熱切的懇求下，妙蓮師父決定收他爲徒，終於完成他出家的心願，由常開老和尚主持剃度，這年他十九歲。

隔年又依妙蓮師父受具足戒❻，取法號爲古巖，又名演徹，字德清。

❖註釋❖

❶五欲：是指色、聲、香、味、觸等五種情境所生起的五種感受，能令眾生貪求戀著。

❷檀越：即是施主，供給出家人衣食或出資舉行法會的信徒。

❸頭陀：苦行之一。棄離對食、衣、住、行的貪執，以修練身心。後世用來代稱修苦行的人。

❹合十：兩手十指相併於胸前，表示恭敬的態度。

❺阿羅漢果：為小乘佛教中的最高果位，此時已斷盡一切煩惱，不再輪迴。

❻具足戒：為比丘、比丘尼當受的戒，比丘二百五十戒，比丘尼三百四十八戒。

06

巖穴苦修

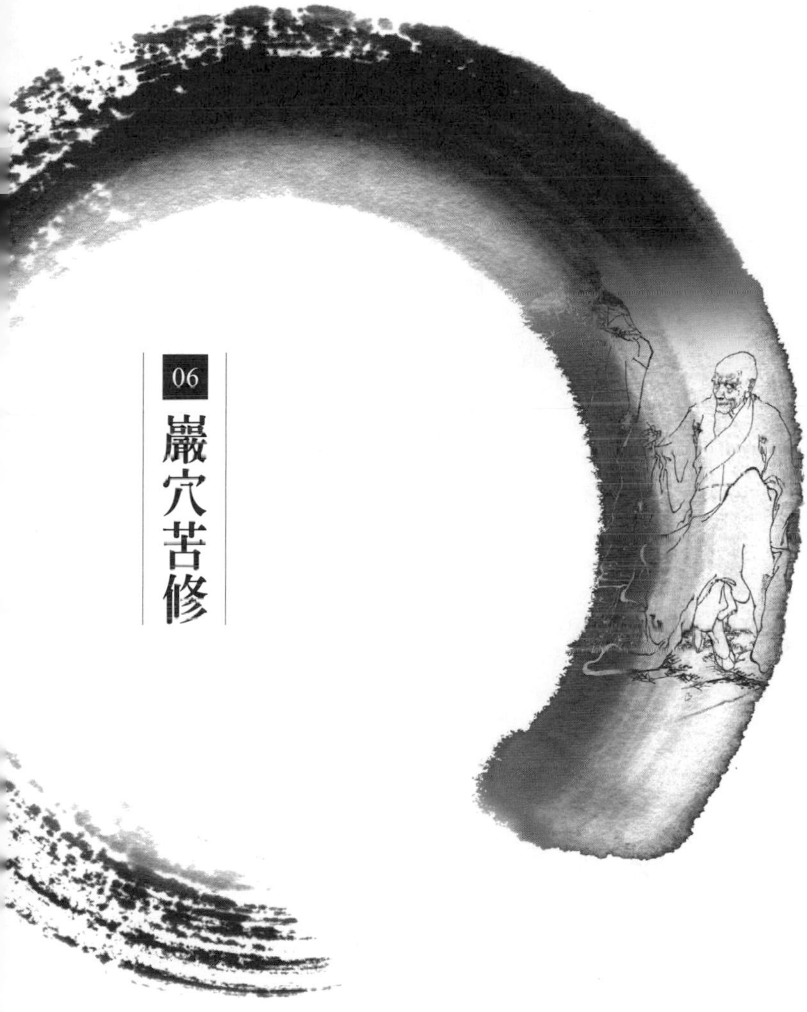

蕭府裡一片沉寂，上上下下幾十口人家的大宅院，一反原來喜慶的歡樂氣氛，頓時變得毫無生氣。蕭老爺原想給兒子成了家，也許就不會再有出家的念頭，但是擔心發生的事還是發生了。

王夫人和兩個年輕的新娘子，整天愁容滿面，蕭少爺離家已經一年多了，到現在還沒找到人影。

蕭老爺派人到處去查訪兒子的下落，大大小小的寺廟都找過了。眼看一年多過去了，王夫人這時才想起來說：

「老爺，鼓山去過了嗎？」

「鼓山？」蕭老爺略略想了一下，「唉，眞是慌了手腳昏了頭，怎麼忘了鼓山呢？」

過了兩天，去鼓山的人回來說，少爺已經剃度爲僧不肯再回來了。

這時出了家的古巖法師知道，父親絕不會放棄，一定會再派人來找他。

「我就知道會有這麼一天。」妙蓮師父說。

「師父，您不必替弟子擔心。」

「那你是想還俗❶回家了？」

「不！我絕不會還俗的。」古巖堅定地表示。

「那你打算怎麼辦？」

「師父，如果家裡再有人來，就說我已經走了。」

「你到哪裡去？」

「師父請多保重，弟子自有打算。」

第二天，蕭府就來了一大批人，直奔妙蓮師父禪房來要人。可是把整個寺裡都搜查過了，連一個人影兒也沒有，況且蕭家是個虔誠信佛的人家，不敢在湧泉寺亂鬧，只好回府稟告蕭大人。

人到哪兒去了呢？

古巖只把去處告訴覺心法師，其他人都不知道。

古巖是在半夜摸黑走的。他趁夜深人靜潛入深山，躲到一個非常隱蔽的山洞去。起初他忍受飢寒，偶爾用手捧些山泉水潤潤口，整日躲在陰暗的山洞裡不敢出來，過了好久，他才悄悄從洞口探出頭來朝外看一看。

當他走出洞口往遠處一望，原來他已遠離白雲山的湧泉寺兩個山頭遠，他朝湧泉寺恭敬地遙遙一拜，一顆心像塊大石頭落了地，他知道現在是身在人煙稀少的荒山裡，離開湧泉寺很遠了，別人要找到這裡很不容易。

高山上不比平地，氣候變化大，缺糧少米，要在這樣惡劣的環境下求生存並不容易。但這一切對出了家的古巖來說都不是問題，他靠著雙手種菜、摘野果、喝泉水維生。

平常日子，他在山洞裡打坐，滴滴的泉水聲，伴著他的念佛聲，是天上人間少有的美妙組曲，他完全生活在超過一切世俗的仙境裡。

偶爾野狼、野狐、老虎在月光下，一雙雙綠光閃閃的眼睛在洞口外晃動，古巖一點也不害怕，有時候野獸往洞裡看一看，搖搖尾巴又悄悄地走了。

這時候英法聯軍已進入廣東，然後又打到天津，到處都很不安靜，蕭老爺也無心再尋找失去的兒子了。

✻ ✻ ✻

轉眼間又是三年過去了。

一天，古巖在山中漫步，突然聽到遠處有稀稀簌簌的聲音；他很熟悉各種動物的腳步聲，一聽，就知道不是野獸走動的聲音；再一回頭，遠處有個影子。古巖料到有人在跟蹤他，一個箭步急忙躲到大山石的背後。不久，那個人大聲叫著古巖的名字，回聲在山谷中蕩漾，驚動了山中的鳥兒四處亂飛。

古巖從石縫偷看，那個人愈走愈近，原來是湧泉寺的覺心法師。古巖急忙跑出來，雙手緊緊握著氣喘吁吁的覺心。

「啊！可把我累慘了。」覺心喘著氣說。

「阿彌陀佛！罪過！罪過！」古巖不停地朝覺心行禮說：「師兄，您跑來幹什麼呀？」

「好消息！」覺心法師擦擦頭上的汗水說：「你可以回去了。」

「眞的？」

「現在你放心吧！蕭老爺已經告老還鄉了。」

古巖聽了一楞，心頭突然像塞滿了東西，眼圈兒也紅了，一時卻說不出話來，過了好一陣子才喃喃地說：

「眞……的回湖南老家了……。」

「是呀！妙蓮師父要我非找到你，帶你回去不可。」

古巖帶覺心到洞穴裡，陰暗的山洞裡什麼也沒有，覺心法師說：

「收拾你的東西，我們回去吧！」

「好了。」

覺心看古巖的手裡只有一個很小的包袱，其他什麼東西也沒有，吃驚地問：

「就這麼一點東西？」

「出家人，這已經是很多了。」

三年，不是很短的時間，寺裡變化不大，變得最多的是他自己。他回到湧泉寺先去拜見妙蓮師父。古巖把在深山修行的事詳細地說了一遍。

「嗯！你恆心苦行、苦修，已經做到出家人的第一步了。」

「請師父開示，弟子下一步該怎麼辦呢？」

「你有慧根，還要修福。」

「修福？」

「對，修慧後要修福，也就是爲眾生祈福做事。」

回到湧泉寺後，古巖仍然像在山洞中的生活一樣，苦行苦修，每天僅僅吃些米粥。由於他在山裡把身體鍛鍊得很強健，所以能忍受得了任何飢苦。

二十五歲那年冬天，從家鄉又傳來蕭老爺的消息，說蕭老爺回到湖南湘鄉一年後，因爲生病離開了人間。

兩年後，家鄉又傳來消息，說蕭老爺去世後，王夫人帶著兩個兒媳婦出家了。王夫人法名妙淨，媳婦田氏法名眞潔，譚氏法名清節。

古巖知道家中變故連連，雖然思緒萬千，但心境仍然平平靜靜，從此再也不過問家裡的事情。在寺裡除了覺心法師外，他跟古月禪師很談得來。他效法禪師再苦修，辭去寺裡的職事，僅僅一衲、一褲、一履、一蓑和一蒲團，又回到深山洞穴裡去修行。

松子、青草葉和山澗泉水，是古巖山居維生的主要來源。每日苦修，使他的身體受益很大，走起路來健步如飛，耳目聰明。

＊　＊　＊

轉眼間又是三年。

古巖聽說天台山華頂龍泉寺有位融鏡法師，德行圓滿，於是前去拜訪請求開示。他在山頂上，看到一間茅草房，有位老人正在補破衣服。古巖向前行禮：

「請問，有位融鏡老法師在不在？」

補衣服的老人連看也不看他一眼，仍然繼續補他的衣服。

「請問……，老法師……在嗎？」古巖又恭恭敬敬地說：

「我是特地來拜訪他老人家的。」

老人慢慢抬起頭來，盯著古巖看個不停；只看見古巖全身披了一件袈裟，鬍子長長的，長髮披肩，披頭散髮的臉上，露出一對黑溜溜的眼睛，猛然一看很像鬼。

「你是僧？是道？」

「我是僧。」

「受過戒嗎？」

「受過。」

「你這樣修行多久了？」

古巖把十九歲到湧泉寺出家的經過，詳詳細細說了一遍。

「誰教你這樣苦修的？」

「弟子看見古人多苦行成道，所以……。」

「所以你就學他們？」老人看看古巖一身打扮，嘆了一口氣說：

「你呀，你呀，白白浪費了十年的工夫呀！」

「這……。」古巖不明白地看著老人。

「你要知道，隱居深山巖洞苦修，了不起只是能達到壽命延年，你的行徑不正常，有些……近乎外道❷啦！」

古巖聽老人這樣一說，知道他是位高人，立刻撲通跪在地上行禮，很誠懇地說：

「請大師開示。」

「你要知道，古人雖重持身，可是他們還知道持心，像你這樣子修練，離正道可還遠著呢！」

「謝謝法師開示。」

法師放下手中的衣服，做個手勢請他起來。古巖跪在地上不肯起來。

「若想修得正果，就要能上求佛道、下化眾生，自度度人，出世間而不離開世間。你看，你勉強絕食，連條褲子也不穿，實在有些太過分，又怎麼能修行呢？」

古巖知道眼前的高人就是融鏡法師，跪在地上更不肯起來。雖然法師的話像錐子刺著他的心，可是他知道句句都是眞理。

「我的話你聽嗎？」

「聽，一定聽！」

「好，你聽就住在我這裡，不聽就隨你去！」

「法師的話怎麼敢不聽！」

老法師給他一套衣服，把長髮剃掉、洗過澡，就讓他去幹活。此外，老法師還教他參「拖死屍是誰？」這句話頭❸。古巖從此跟隨老法師，參禪、學天台教觀、勤作勞務，深得老法師的嘉許。

融鏡法師年紀八十多歲，對戒律、教理都很通達，教古巖多參講，將來到各地去遊歷。在法師指導下，古巖學「禪」，習「法」，帶給他很大的影響。

三十三歲以後，他又開始到江浙一帶參訪名山古剎，例如在國清寺學「禪制」、方廣寺學「法華」、高明寺聽《法華經》、岳林寺聽《阿彌陀經》，普陀山見異相、阿育王寺拜舍利、天童寺聽《楞嚴宗通》，到天寧寺、焦山向大和尚請益，於高旻寺、金山寺禪坐。在這段參訪的歲月中，古巖已漸漸領悟到走向佛法世界的大道，是他生命中另一個新的開始。

❖註釋❖

❶還俗：已經出家的人，因為種種原因，而恢復在家人的身分，稱為還俗。

❷外道：指佛教之外的其他宗教哲學派別。

❸話頭：參話頭又可叫做參禪。「拖死屍是誰？」為一句「話頭」，「話」是語言，「頭」是根源，也就是追問一個問題做為修行的一種方法。

07

拜山報恩

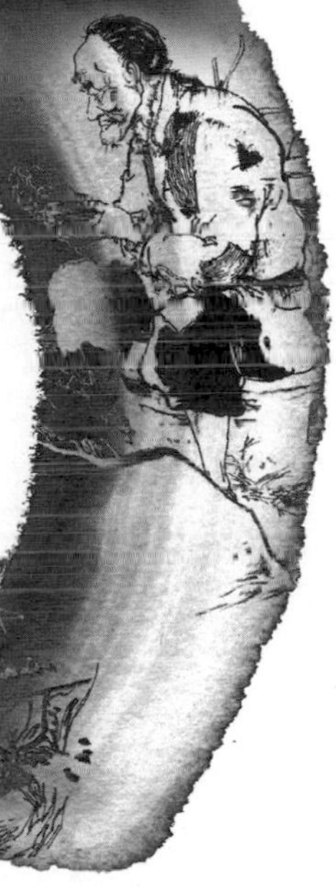

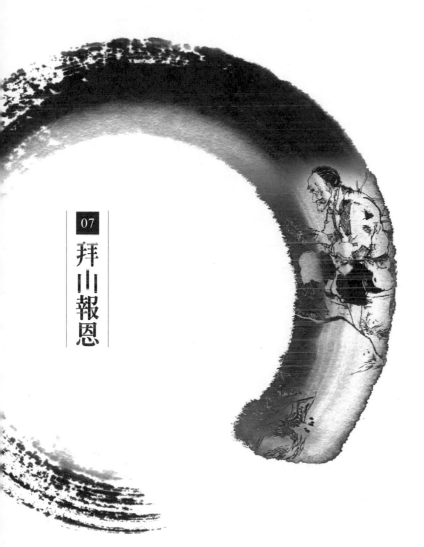

一天，古巖在普陀山的寺中靜坐，算記一下，從十九歲出家，竟已出家二十多年。現在已經四十三歲，爲了報答父母養育的恩情，決心發願朝拜五台山。

那是光緒八年（西元一八八二年）的七月初一，他從普陀山法華庵出發，三步一拜，行程很緩慢，路途又那麼遙遠，是相當辛苦的事，所以一起同行的四個人，拜到常州就放棄了。但是，古巖並沒有受他們的影響，仍然繼續拜山，到了年底，快要過年了才到達南京。

過完年，從浦口獅子山寺起香❶，仍然是三步一拜，早行晚宿，不管是颳風下雨，對古巖來說都不是問題，因爲他過去在山洞裡苦修多年，身子鍛鍊得非常好。這一程他從蘇北進入河南省境，經過嵩山少林寺到達洛陽白馬寺。

轉眼又到了臘月，大地天寒地凍。

年初二，古巖拜山到了黃河渡口的時候，天色已經很晚，抬頭一看周圍沒有一戶人家，不敢再輕易渡河，只找到一個四面沒有牆壁的小茅草棚子歇腳。

夜裡寒風刺骨，不久下起了大雪，天亮時一看，大地一片銀白世界，積雪

有一尺多深，看不到一點路，也看不到行人，只好枯坐在草棚裡念佛。

颼颼刺骨的寒風一陣陣襲來，而且大雪整天下個不停，蜷伏在草棚一角的古巖在飢寒交迫下，漸漸昏迷過去了。

大雪一連下到年初六，天空才微微露出一點陽光，這時古巖已經一動也不能動了。

年初七，迷迷糊糊中，古巖看到一個乞丐在問他話，但是他一句話也說不出來。乞丐知道他凍僵了，急忙把厚厚的雪撥開，抓了一把棚子邊上的茅草煮了點黃米粥，一口一口餵他。乞丐見他漸漸甦醒過來，才鬆了一口氣，很關心地問：

「你打哪兒來的？」

「南海。」古巖的聲音很微弱。

「到哪兒去呀？」乞丐大聲問。

「五……五……台……山……。」古巖知道乞丐救了他一命，費很大力氣感激地問：

「請……問……貴……姓呀！」

「我姓文，名叫吉。」

「您到哪兒去？」古巖又使力地問。

「從五台山下來，回長安去。」

「那您對五台山一定很熟悉了？」古巖聽了一臉的驚喜。

「可以說那裡沒有人不認識我。」

「從這裡到五台山要經過哪些地方？」

文吉告訴古巖，從盂縣到太原代州峨口就到了。

「還有多少路？」

「兩千多里吧！」

古巖聽了先是一驚，但馬上又鎮靜下來。這時候文吉取雪代水，又爲他煮了一碗黃米粥。古巖漸漸恢復體力，一邊喝粥一邊感謝文吉的救命之恩。

「你爲什麼跑那麼遠去拜山？」文吉問。

古巖長長嘆了一口氣，臉上流下了兩行淚水。他語帶悲傷地說：

「母親生我的時候難產死了，我生下來沒見過親生母親，拜山是爲了報答

親恩。」

「你身子這麼虛弱，還要背著行李，我看你還是不要去拜山吧！」

「天寒地凍，路途遙遠我都不怕，」古巖眼中發出有力的光采說：「我早就下定決心要朝山，不論多苦也擋不住我！」

文吉抬頭看看天氣好轉，雪還沒有化，看不出道路，他指著他走過的腳印說：

「你踩著我的腳印走，離這裡有二十多里路，可以先找個地方去掛單❷，再往前的孟縣有洪福寺，也可以讓你歇歇腳。」

古巖千謝萬謝後告別了文吉。在洪福寺，八十五歲的住持很熱心地招待他，一直等過完年才放他走，繼續往五台山拜行。這年是光緒十年（西元一八八四年）。

有時候古巖爲了趕路，或是寺廟不許他掛單留宿，只好在路邊歇腳。

有一次夜裡，他肚子絞痛得很厲害，可是第二天他仍然往前拜行，到了晚上發高燒得了痢疾。臘月十三那天到了黃沙嶺，眞的沒法子再走一步，結果病

倒在一座破廟裡。

荒山古廟中，連連腹瀉不止，就算想要求救也沒有辦法，這時只有等死，可是古巖心裡一點也不後悔。

兩天過去了。

夜裡突然看見有火光接近，古巖以爲是匪徒來了，再一細看，竟然是文吉拿著火把。

文吉舉著火把一照，看他已經是奄奄一息，馬上給他喝了一杯水，幫他換了髒衣服，給他吃藥，過了一會兒，古巖的氣色才好一些，接著他把沿途的經過告訴文吉。

「先吃粥再說。」文吉怕他身體撐不住，端了兩碗剛熬好的粥說。

「兩回都是您救了我，眞……眞是太感激了。」古巖喝著粥有氣無力地說。

「這點小事算什麼。」

「您現在到哪兒去？」

「我從長安來，現在回五台山。」

「好可惜啊！我生了病，又是拜行，不然跟您一起去該多好！」古巖很惋惜地說。

文吉看看疲倦不堪的古巖，勸他說：

「你從去年臘月到現在，才走了這麼一點點路，你要拜到哪一天才能到五台山？你的身體又不好，看樣子很難，我看……你不必拜了，直接到五台山去朝禮也一樣。」

「謝謝您的好意，但是我一出世就沒見過親娘，父親就我這麼一個兒子，我背著他出家，多少年來，發願拜山，就是求菩薩保佑我父母早日脫離苦海，早到淨土，我……。」古巖擦擦滿臉的淚水，堅定地說：

「不到聖境，我就是死了也不會甘心的！」

「難得你一片孝心，這樣吧！我順路上山，幫忙你拿行李，你只要慢慢拜你的山就好了。」

「那太好了，我若到了五台山，願將一半功德獻給父母，一半送給您，以

報答您的大恩大德。」

「不敢當，你是孝心，我是順路，幫點忙算不了什麼。」

從此，文吉幫助他把行李先帶走，他安心繼續拜山，一路上很順利。

五月底經過太原省代州峨口，馬上到了五台山。古巖暫時住在顯通寺，然後到各古刹進香朝拜，到處打聽文吉的下落想去取行李，可是沒有一個人認識他。後來跟一位老僧說起這件事，老僧合掌說：

「阿彌陀佛，那是文殊菩薩的化身呀！」

古巖聽了急忙頂禮，感謝文殊菩薩保佑。

三年苦行朝拜，從普陀到浙江、中州，過黃河到太行山，終於見到了清涼聖地，達到拜山報親恩的願望。這時候古巖才眞正體會到，愈是辛苦心愈安，領悟到古人消得一分習氣，便得一分光明，這對古巖以後弘揚佛法有很大的影響。

❖註釋❖

❶起香：開始啟程拜山。

❷掛單：原指出家人將衣缽掛於堂內掛勾上的動作，後引申為依住在某寺院的意思。

08

身行萬里度衆生

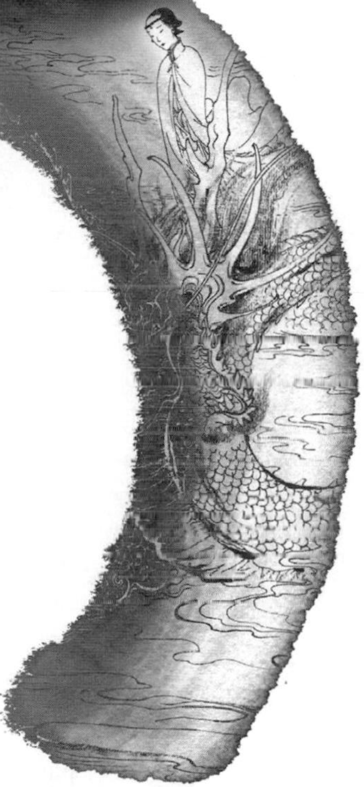

五台山千丈寒巖，積著萬年白雪，給古巖心靈上帶來莫大的啓示，他感到人生的短促無常，更應加倍弘法普度眾生。於是拜過文殊菩薩後，古巖下山，朝北嶽恆山而行，途中又登太華山拜西嶽華山，然後在五台山停留兩年多才回到長安。後來又遍訪名山古寺，訪高僧，到西藏、不丹等地宣揚佛法。

直到光緒十八年（西元一八九二年），他從宜興到九華山，在那裡與普照、月霞、印蓮三位法師研究教儀，一住就是三年多。

這些年來，他在拜山、禪坐、佛法中領悟到：「忍得十分煩惱，便證少分菩提❶。」

✽ ✽ ✽

光緒二十一年（西元一八九五年），揚州高旻寺住持月朗法師訪九華山，提及高旻寺將連打十二個禪七，請山上的法師們前往護持，大家推古巖先下山到揚州去。

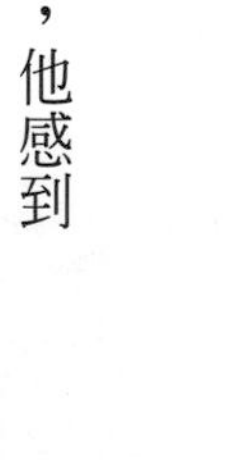

古巖到了大通荻港後，沿著長江邊往前走。這時忽然河水大漲，過河時擺船的人要六錢渡船資，可是他摸摸口袋，一文也沒有，擺船的人不肯讓他上船。

古巖沒有錢只好步行，走著走著，不小心滑到河裡去。江心水流湍急，他隨著河水漂漂浮浮，整整一天一夜。漂到采石磯時已經昏迷，才被漁夫救上岸，只剩下一口氣兒了。漁夫七手八腳忙把他送到附近的寶積寺，寺裡的老僧認得他，一看大吃一驚，喊著：

「這不是德清古巖禪師嗎？」

兩天後，古巖清醒吐出一大堆積水，口鼻流血不止，在寶積寺休養住了些日子，心裡還惦著大夥交代的事，未等身體好些，就立刻動身前往高旻寺去。

「您生病了嗎？」高旻寺的知客僧❷看他一臉憔悴，很關心地問。

「沒有……。」古巖一口否認，也沒談掉到河裡去的事。

知客僧聽他說沒病，便引他謁見月朗和尚，和尚問了山中的一些狀況，便請他領執事❸，但古巖的身體狀況還不是很好，並且一心想在禪堂中打七，就沒答應擔任執事這件事，也沒將落水的事說出來。

高旻寺一向以道風嚴峻出名，如果沒有理由而拒絕受職，會被視爲驕慢，必須接受打香板的處罰。在這種情況下，古巖仍沒有說出落水的事，默默地接受了處罰。他原來虛弱的身體，挨了打後病情更加嚴重了，血流不止。

他心想反正是死定了，就在禪堂裡，晝夜用功打坐，心非常專注，完全忘了還有身體的存在。就這樣經過二十多天後，病竟然全好了。

這時候釆石磯寶積寺住持送衣服來，看見他容光煥發，心裡非常高興。大家不清楚古巖發生過什麼事，於是住持便把古巖落水的事說出來，寺裡的和尚聽了都感動、欽佩不已。月朗和尚從此不再派他輪値禪堂的工作，讓他安心打七。這之後，古巖心中的妄念，完全消失了，禪坐的工夫可說是日益進步。

一天晚上要休息時，古巖在禪堂裡張眼一看，忽然見到眼前大放光明，好像白天一樣。他的眼睛突然可以透視，隔牆可以看到香燈師❹和西單師❺在廁所裡。往遠處看，有船在水中航行，兩岸樹木清楚可見。第二天一問，果然是他們一點也沒錯，古巖明白這是禪修的一種境界，也不把它當作什麼特別的事。

到了第八個禪七的第三天晚上，當第六炷香開靜❻的時候，護七照例爲每

一單倒開水，一不小心濺到古巖手上，茶杯掉到地上碎了。那清脆的聲音，粉碎了古巖內外身心世界，刹那間，疑根斷除了、狂心息滅了，他豁然大悟。

古巖如從夢中醒來，回想出家以來，漂泊數十年了，在黃河渡口邊被文吉救了命也與水有關，這次如果不掉到河裡大病一場，讓這些逆境與順境來教化自己，也不會有今天晚上的悟境了。他立刻作了一偈：

杯子撲落地，響聲明瀝瀝；
虛空粉碎也，狂心當下息。

這年古巖五十六歲。

高旻寺十二期禪七結束後，古巖又至鎮江金山寺、狼山、焦山等名山參拜。

雖然古巖曾經拜山報慈恩，但他仍以沒見過親生母親一面而深引為憾，只能從母親的畫像中得到一點點母親的印象。每次想到這裡總是非常難過，於是決心前往寧波阿育王寺禮舍利，燃指供佛[7]超度慈母。

在阿育王寺，古巖每天禮佛三千拜。一夜在禪坐時，好像在做夢，又像是真的，看見一條金龍，金光閃閃，大約有幾丈長，從空中落在舍利殿前的天池裡。古巖就騎上金龍飛騰到一處山清水秀的地方，那裡花木清香，樓閣莊嚴。母親正在樓閣上遠眺，他看見母親，非常欣喜，趕緊大呼：「請母親騎上金龍奔向西方去吧！」

後來，金龍緩緩下降，夢也醒了，夢醒後全身頓覺舒暢，心境開朗。這是古巖生平第一次看見母親，也是唯一的一次。

就這樣前前後後在江浙也停留十年了，古巖一向雲遊慣了，這會兒又思遠遊，於是再朝五台山、雲台山、山東東嶽泰山等名山古剎。

＊　＊　＊

光緒二十六年（西元一九〇〇年）五月，義和團打起「扶清滅洋」旗號，到處燒殺外人，引起八國聯軍進攻天津、北京，朝廷眾人倉皇逃離北京，古巖

在肅清王善耆的勸慰下，又看到時局如此混亂，只好同意隨行。

這一路不時有王公大臣前來請益，古巖原本就喜好清靜，潛心修行打坐，對於往來應酬漸漸覺得不耐。十月到西安城後，局勢已稍微穩定，古巖就獨自一人悄悄離開西安城到終南山，在幽僻的獅子巖搭起茅草屋，飲山泉水、食野菜，避開人間煩擾，並改號爲「虛雲」。

終南山冬天一片銀白，群山覆上一層白茫茫的新雪，在藍天映襯下顯得十分清爽。在將近年終的時候，雪花飄揚，終日不輟。虛雲和尚在獅子巖茅棚中，望著棚外雪地，潔白無染，頓覺身心清靜，一切放下。

臘月二十一日，虛雲和尚在自闢的薯地裡，挖了一些山薯回來，用雪水洗乾淨後放到鍋裡煮，準備過年時食用。他生起炭火後，就在土灶邊打坐，一坐便不知時間了。

鄰近虛雲和尚茅棚的道友同參發現他很久都沒到茅草棚外走動，大夥不放心，推復成法師前去拜年。

復成走到茅棚外，見門前盡是老虎野獸凌亂的腳印，心中一驚，深怕老和尚出了意外，慌忙趕上前，推開門進了棚內，只見虛雲和尚正在灶旁閉目結跏趺坐。

「虛老！虛老！」復成喚了他幾聲都沒反應，心想：「糟了！虛老是不是坐化❽了？」

伸手探了探他的鼻孔還有氣息，知道虛雲和尚只是入定了，這才鬆了一口氣。隨後復成法師輕扣引磬，引虛雲和尚出定，他這才慢慢醒來，睜眼一看，復成法師正帶著關心的表情看著自己，於是虛雲問道：

「您什麼時候來的？我都沒留意到。沒有出去迎接真是失禮了！」

復成忙說：「法師，我是趁著放晴，特地過來跟您拜年的。」

「拜年？今天才臘月二十一日，您來拜早年的呀！」

「法師，您不知道今天已經正月初七了嗎？」

「怎麼？今天是二十一吧？我剛剛才煮了一鍋山薯，等著當午飯吃呢！您吃飯了沒？這山薯現在應該已經熟了，我看一看。」說完順手揭開鍋蓋，「唉呀，長霉了！」

復成湊過來，看到鍋裡的熟薯已經發霉，灰白的菌絲布滿鍋中，大概有一寸多高，說：

「這山裡天寒地凍，東西長霉少說也要十天八天的！何況這一寸多高的霉，起碼也要十幾天，您老入定至少也有半個多月了吧？真是不得了啊！」

「啊！沒想到一坐竟然就半個多月了。這件事，請您千萬不要傳出去，以免擾亂我在山中清靜的修行。讓我再重新煮些山薯請您一塊吃吧！」

「哈哈哈！法師是要用山薯堵住我的嘴囉？」

兩人於是相偕採山薯，重新融雪烹煮，飽餐一頓，復成法師帶著爽朗的笑聲愉快離去。

過了七年山居生活後的虛雲和尚，又遠渡重洋到仰光，回國時經台灣參觀靈泉寺，後來轉到日本，再從日本經上海回到北京。

虛雲和尚從出生鴉片戰爭起，到八國聯軍攻打北京，又經過辛亥革命，直到中日戰爭八年抗日，可以說是飽經世事多變的年代。他不僅關懷人，也愛眾生，在他弘法時，有很多非常有人情味的小故事，也可以看出他廣慈眾生的慈悲心懷。

＊　＊　＊

光緒二十九年（西元一九〇三年），老和尚在昆明福興寺閉關，從迎祥寺來的僧人告訴虛雲，寺裡放生一隻大公雞，好鬥成性，把其他的雞咬得頭破血流，眞不知道如何處理才好？

「好辦！」虛雲聽了說：

「把牠交給我好了。」

說來奇怪，虛雲對兇狠成性的公雞說三皈五戒，讓牠天天聽佛號聲。不久，那隻雞也不再跟其他的雞打鬥了，常出「佛佛佛」的聲音。每天獨居在樹上，給牠吃牠就吃，不給也不會要，漸漸地竟連小蟲子也不吃了。

日子久了，公雞只要聽到打鐘敲磬聲，牠就跟著信眾上佛殿早晚課，聽完後又再回到樹上棲息。虛雲一招手，口念阿彌陀佛牠就跑過來，而且嘴裡發出

「佛……」的聲音。

過了兩年，有天晚課後，只見那隻公雞昂首站立，張開翅膀像念佛的樣子，過了幾天就死去了。虛雲大師像人一樣，很敬重地把公雞葬了，還給公雞作了一篇銘文：

好鬥成性此雄雞，傷冠拔羽血流紅；
知畏奉戒狂心歇，素食孤棲不害蟲；
兩目瞻仰黃金相，念佛喔喔何從容？
旋繞三撲奄然化，眾生與佛將毋同。

＊　＊　＊

到了清宣統元年（西元一九〇九年），虛雲老和尚已經七十歲了，路過騰衝時，在萬壽寺裡跟張提督談天兒，忽然跑來一頭大黃牛，嚇了張提督一大

跳，但見那隻牛撲通跪在虛雲面前。虛雲大師摸摸牛頭，拍拍牠的背說：

「牛兒，你有什麼事嗎？」

只見那黃牛眼淚直流。

過了一會兒，有個姓楊的牛主人趕來，虛雲一問，原來他是以殺牛爲生，要把黃牛殺了賣肉。

「你要逃生，就要皈依三寶，你懂嗎？」虛雲問黃牛。

牛點了點頭。虛雲對牛主人說：

「你要多少錢？」

楊屠戶見牛流淚，跪在地上求救，心裡覺得有點奇怪，一時竟被牛感動，錢也不要了。他不但不殺牛，並且發誓不再做屠戶，從此念佛吃長齋。在旁的張提督也深受感動，自願收楊屠戶在他家做工人。

那頭黃牛死後，有人特地爲牠建了異牛祠。

＊　＊　＊

又有一次，有個鄉下人送來一隻八哥，剛來的時候只吃小蟲子，慢慢教牠念佛後，就不吃葷了，在寺裡自由飛翔，也會念些簡短的經文。一天，這隻八哥被一隻老鷹抓走了，只聽八哥在空中還不停地念著「阿彌陀佛」呢！人們聽說了這個故事，都覺得這隻八哥雖然只是一隻鳥兒，臨死還不忘念佛，有的人還眞的不如一隻鳥呢！

＊　＊　＊

民國九年（西元一九二〇年），虛雲已經八十一歲了。那天他在昆明雲棲寺靜坐，有個信眾送來一對大白鵝，一公一母，說是送來皈依的，虛雲老和尚對於這對白鵝，完全像人一樣對待。

說也奇怪，虛雲爲兩隻白鵝說戒，牠們都昂首靜聽；等虛雲說完，就昂首大叫幾聲，好像很高興的樣子。

從此，兩隻大白鵝常常跟人到大殿聽經，人繞佛堂，牠們也跟著轉，動作完全跟人一樣，因此非常受信眾們的喜歡。

三年後，有一天母鵝在大殿前轉了三圈，昂首望著佛祖，拍拍翅膀就死了。虛雲老和尚用木盒把白鵝葬了。

母鵝死後不久，公鵝整天鳴叫，像是非常懷念母鵝，好多天不吃不喝，一天牠站在大殿前，昂首看著佛祖，然後也拍拍翅膀死了。

虛雲老和尚也請寺僧準備小棺木，把公鵝和母鵝合葬在一起。

黃牛落淚求救，八哥念佛，雙鵝聽經，這些發生在虛雲老和尚身邊的小故事，常讓他感嘆在兵荒馬亂的時代裡，有的人只知道爭名奪利，打打殺殺，眞是人不如禽獸，於是在重建鼓山時，特別在異牛祠旁造了一座放生園，廣慈眾生。

❖註釋❖

❶菩提：梵語的音譯，指斷絕世間的煩惱而得到的智慧。

❷知客僧：寺院中負責迎送賓客、安排照料賓客生活起居的出家人。

❸執事：寺院中主掌各種事務的出家人，禪宗稱為知事。

❹香燈師：寺院中負責佛堂焚香與燃燈的出家人。

❺西單師：幫助住持，指導大眾修行的長老。

❻開靜：禪七以一炷香燃燒的時間，為打坐的一個時段，稱為一炷香，每一炷香結束後的休息，稱為開靜。通常以引磬聲做為開靜的訊號。

❼燃指供佛：燃燒手指以表示信仰的誠摯。

❽坐化：指有修行的高僧端坐而逝。

09 重建鼓山和南華

虛雲老和尚一生復興過的大小道場，不下八十多處，著名的寺院如雲南雲棲寺、雞足山祝聖禪寺、曹溪華南叢林、福建鼓山湧泉寺等。其中以重建鼓山（鼓山佛學院）最艱苦，受到的阻力也最大。

鼓山不但風景有名，在中國佛教歷史上，也有很重要的地位，從唐代到清代出了不少高僧。可是到了民國十八年（西元一九二九年），由於經過鴉片戰爭、甲午戰爭到民國初年的軍閥割據，鼓山早已失去原來的面貌，千年古剎破爛不堪，虛雲老和尚決定接受皈依弟子們的邀請重回鼓山。

鼓山離福州省城約有二、三十里，從山下到山上的湧泉寺，大約有十里遠，全都是石階。當虛雲老和尚上山時，善男信女站在階梯兩旁，人人手捧鮮花歡迎，有的在路旁跪拜，場面非常感人。

這千年古剎不但殿堂沒有人管理，就是寺裡的僧人也把原有的規矩都破壞了。虛雲老和尚決心大力改革，首先是不准在寺內私收徒眾，取消小鍋飯，大家一律吃大鍋飯。在人事方面則取消不必要的職務，減少用人的浪費。

虛雲老和尚的這些作法，立即引起不少反彈，寺裡有些不安分的僧人聯合

起來搗蛋，想用行動阻撓改革，有人甚至想把老和尚燒死。當然這些都嚇不倒老和尚的，也完全不理會他們的反對，仍然按照他原定的計畫一步一步加以改革。

在一個寒冷的深夜裡，柴房突然燃起熊熊大火，燒毀了小禪房。虛雲老和尚不想把事情鬧大，所以沒有向官府告狀。後來官府知道了，派員警上山保護寺庵。但慈悲爲懷的虛雲老和尚並不怪罪那些人，還替那些搗亂的人說情呢！

接著虛雲老和尚開始整頓鼓山道風，恢復參禪制度，設學戒堂成爲鼓山佛學院。整個鼓山經過一番重建後，煥然一新。虛雲老和尚對信徒不分男女，不分貧賤，完全以慈悲爲懷。他自己生活非常簡樸，房裡只有一榻、一櫃、一桌，別無一物。凡是來禮拜的人，總是學他從小就養成的習慣，親手奉茶說：「請用茶。」

現在鼓山完全改變了，就連方丈室前的兩棵鐵樹，原已枯死了好多年，自虛雲老和尚來了之後，又長出了新芽，開了白花，大家都認爲是祥瑞的氣象。

鼓山整頓得差不多時，虛雲又被請到嶺南去整頓殘破已久的南華寺。

曹溪南華六祖道場也是年久失修的古剎。一日，虛雲老和尚在湧泉寺中打坐，忽然見六祖惠能大師，當面命令他說：

「時候到了，你應當回去。」

過了不久，就有廣東一帶鄉紳等人來電報，邀請他到南華寺去。

民國二十三年（西元一九三四年），他到了廣東南華寺。

一天夜裡，他在正殿結壇說菩薩戒時，忽然跳出一隻大老虎，大家嚇得四處逃散，跟隨鄉紳的保鑣，想要開槍打老虎。

「慢住！」虛雲老和尚急忙阻止。

說來也許很難讓人相信，那隻大老虎乖乖地伏在大殿階下，受了三皈依後，老和尚告訴老虎重回深山不要再傷人，老虎點點頭，還像有些捨不得離開的樣子，然後又回到森林裡去了。

＊　＊　＊

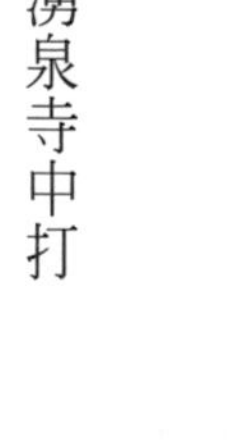

在南華寺時還有一件更奇怪的事，在民國二十五年（西元一九三六年）春戒的時候，當地的軍人送來一頭白狐狸。這隻毛澤光潤的白狐狸，原先被獵人在山裡捕獲，逃走後又被抓回來，有人花了錢買回家，本想殺了當補品吃，但是看牠那雙眼睛炯炯有神，彷彿很通人性，就不忍心殺牠了。這隻白狐狸，後來也被送到南華寺來。

虛雲老和尚爲白狐狸說法，又放牠回到寺院的後山去。從此白狐狸再也不吃肉，肚子餓了就跑回寺裡要東西吃。

寺裡有人想戲弄白狐狸，在食物裡摻入肉塊，牠張大眼睛憤怒地看著餵牠食物的人，很生氣地走開後，好多天都沒有再回來。

有一天，這隻白狐狸被附近的人追趕到十丈多高的大樹上，蹲在上面大叫，直到虛雲老和尚經過看到了，白狐狸才急忙跑下來躲在虛雲的懷裡。大師怕有人再傷害牠，就做了個木柙保護牠。每當虛雲老和尚打坐念佛的時候，牠就在禪榻上，有時候還用前腳踩踩老和尚的鬍子。後來白狐狸被車撞傷了，老和尚看牠很可憐，便感傷地說：

「你很有靈性，因爲你前生宿業淪爲異類，才會受到這樣的痛苦，現在你的宿業已報了，只要一心念佛就可以解脫了。」

白狐狸聽了流下眼淚，一直點頭，喉頭發生輕微的顫動聲後就死了。

經過這兩件事，信眾更加體會到大師慈悲護生的偉大精神。

10 雲門事變

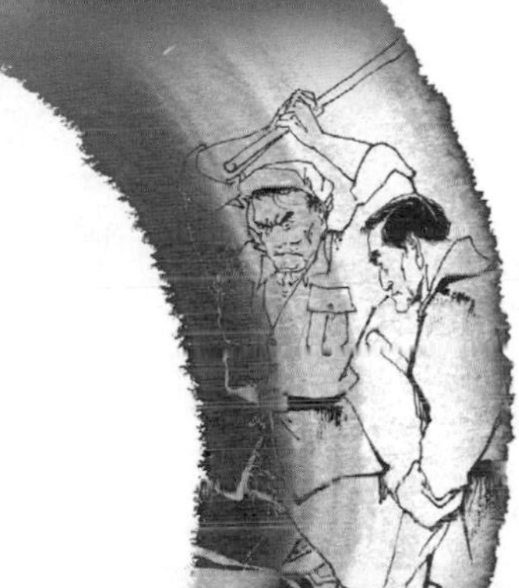

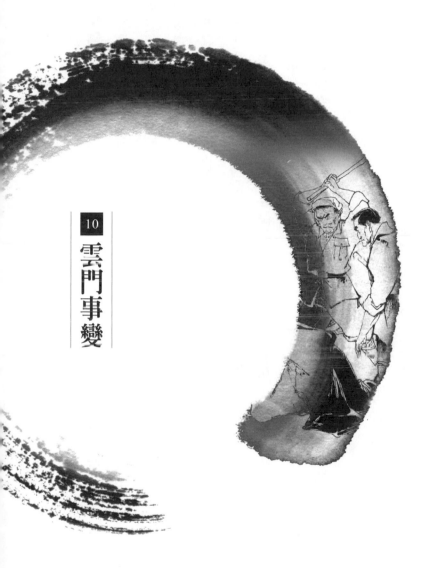

民國三十三年（西元一九四四年），虛雲老和尚從重慶回南華寺時，到曲江、乳源各地找尋靈樹道場。在乳源雲門大覺寺的雜草中發現了一座破庵，裡面竟然有文偃禪師的肉身一尊，這是雲門的開宗道場，虛雲老和尚立刻決心修復舊觀。

據說遠在朱梁時候，也就是在一千多年前，靈樹道場有僧眾六百多人，地方寬敞，山水秀麗，爲衲僧辦道的聖地。但自文偃祖師後，日漸衰落。虛雲老和尚抵達的時候，寺裡僅有一個僧人看守，寺廟周圍的大樹都被砍光了，荒草破庵，景象非常淒涼。

在空蕩蕩的寺院裡，文偃祖師的肉身獨坐在破爛的殿堂中，孤零零地好像在等待爲佛法重新生輝的人。

虛雲老和尚這時候已經是一百零五歲的人瑞，但卻毫不考慮自己的體力，親自帶著從南華寺來的幾個沙彌，日夜不停地整理工作，有些別人拿不動、搬不起的東西，他反而能輕輕鬆鬆地搬移。

殘破的古剎，經過九年的辛苦整頓，漸漸恢復了舊有的樣子。虛雲老和尚

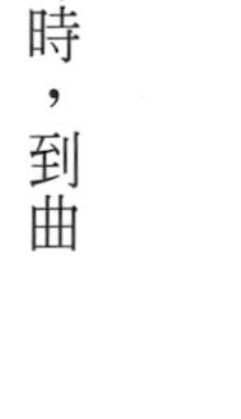

的一生中，以重建雲門大覺寺的工作最爲艱困。他以一缽、一衣到處弘法傳戒，可是人間的事變化太大了，經過八年抗戰後，人民已經是疲憊不堪，誰也想不到抗日剛勝利，國內又開始大動亂。

這時候，老和尚本來可以安然到香港避難，可是他覺得弘法傳戒比個人的安危更重要，於是拒絕了道友的好意。在他年高百歲的時候，竟然發生了「雲門事變」。

民國四十年（西元一九五一年）的春天，正是百花齊放時節，寺裡傳戒，四方來了很多信眾，再加上寺裡原有的一百二十位僧人，眞是熱鬧極了。

農曆的二月二十四日一大早，四面八方傳來鑼鼓聲。起初還以爲是什麼慶典活動，可是後來鑼鼓聲愈來愈近，人聲鼓聲震得耳朵都快聾了。一個年輕僧人跑來，大聲喊著：

「不……不好了！……師……父！」

虛雲老和尚看他氣喘吁吁的樣子，很鎭靜地說：

「看你慌慌張張的樣子，哪像個出家人呀！」

「不是呀！師父……，不得了啦！有一百多人圍上山來了。」

「圍山？」虛雲老和尚平靜地說：「圍山幹什麼？」

這時候又跑進來幾個僧人，都是急忙跑來報告消息的。當虛雲老和尚聽完，剛要走出方丈室的時候，就被圍山的人給擋住了。

「不准走！」一個帶頭的人，橫眉瞪眼，大聲對虛雲老和尚吼著，然後一把就把他推回方丈室裡。

寺裡的僧人跟圍山的人爭論起來，可是都被這一批不講理的人給推倒，一個個被捆了起來，有的關在禪堂，有的關在法堂裡。

「你們要做什麼？」虛雲老和尚不慌不忙問他們。

「幹什麼？」帶頭的人不客氣地說：「你們私藏軍火！」

「我們寺裡只有經書呀！」虛雲老和尚微笑著說：「從來就沒有聽說過什麼軍械！」

「還有金子、銀子！」

「阿彌陀佛！我老僧說沒有，你們也許不相信，這樣好了，你們自己去

找，找到了都是你們的。」虛雲老和尚覺得跟這些人講理是講不通的。

這批圍山的人當然不相信，於是展開全寺的大搜查。從房瓦到地磚，佛像、法器、經藏，能搜的地方全都翻搜過，可是折騰了兩天一無所得。這些人大失所望，除了帶走一些大師來往的書信外，最重要的是大師百年來精心註輯的經文和法語，被裝成了好幾麻袋帶走，這群人才呼嘯而去。

但事情到此並沒有結束，因爲這些誤信謠言的人，仍然認爲寺裡藏有軍火和金子。寺裡有二十多人被帶走，有的遭受毒打，有的死，有的傷，有的斷了腿，還有的失蹤了。最後又找到虛雲老和尚的頭上來。

到了三月初一，這群圍山的人把虛雲老和尚關在一間房裡，所有的門窗都封起來，不給他吃，不給他喝，連大小便也不許出來，比牢獄還要苦。

初三那天，來了十幾個大漢，對老和尚吼著：

「把黃金交出來！」

「我出家人身無一物，哪裡來的黃金？」

「還有軍火！」

「出家人以慈悲爲懷，只知道救人，不知道殺生害人！」

「哈……。」一個大漢大聲吼著：

「給我打！」

接著十幾個大漢，木棒、鐵棍齊下，把老和尚打得頭破血流，肋骨也被打斷了。這群人一邊打一邊追問，可是老和尚默不吭聲。

這樣連打了四次，老和尚倒在血地上，看起來像死了的樣子，這幾個大漢才算停止，連看守的人也撤走了。夜裡，寺裡的人把老和尚扶上榻。

初五，那群人聽說老和尚沒有死，跑來一看，老和尚仍在禪房靜坐，更加憤怒，於是又開始用棍子打他。十幾個人連踢帶打，把老和尚打得鼻口流血，臥倒在地。這群歹徒以爲這次老和尚死定了，所以打完又走了。

夜裡，寺僧把老和尚抱到榻上，老和尚像往常一樣端坐。

到了初十，虛雲老和尚作吉祥臥❶（如佛涅槃像），一天一夜沒有一點動靜，服侍老和尚的人用燈芯刺激老和尚的鼻孔，也沒有一點反應，好像要圓寂的樣子。

寺裡的人眼看老和尚要離開人間，都感到非常傷心。可是服待老和尚的人，用手再輕輕摸老和尚的身體，感覺溫溫的，臉色也很安詳，不像垂死的人。

每天夜裡有兩個人輪流看守老和尚，過了幾天，也就是三月十六日，老和尚微微呻吟，大家趕緊把他緩緩扶起來。

「師父！」有人輕輕喊著，「師父，您已經臥坐五天了。」

「是……嗎？」虛雲老和尚很虛弱地說：「我感覺有些像憨山大師、紫柏大師受到毒打一樣。」

又過了些日子，老和尚身體漸漸好了起來。那些行兇的暴徒聽說老和尚還沒有死，都覺得非常奇怪。

「爲什麼這個老傢伙打不死呢？」那個帶頭的歹徒問寺裡的人。

「老和尚爲眾生受苦，爲你們消災，是打不死的。」

「爲我們消災？」頭目張著大眼瞪著說。

「是呀！以後你們自然就會明白了。」

這些暴徒聽寺裡的人這麼一說，從此再也不敢上山打老和尚了。但是這些人怕消息傳出去會引起公憤，所以仍然圍山，不准寺裡的人對外通話，也不准下山外出，一切行動都受到限制，就這樣又圍了一個多月之久。

虛雲老和尚遭到毒打，受傷很重，不但眼睛看不見，耳朵也聽不清了，寺裡的人怕老和尚不幸離開人間，於是請老和尚口述生平事略。

農曆四月，雲門不幸的事情傳到韶州，佛門弟子口耳相傳，海內外弟子一下子都知道老和尚遭受了極大的苦難，於是大家聯合起來聲援老和尚，這些暴徒才悄悄離開，不再圍山。

經過這場災難，寺裡的糧食都被搶光了，老和尚連粥都沒得吃，只有飲些清水。老和尚對寺裡的僧徒們說：

「我業重，拖累了大家，現在到了這種地步，各位就各奔他方去求生吧！」

當然大家都不答應這麼做，於是寺裡所有的人都到後山去砍柴，然後挑到二十多里遠的地方去賣，換得了錢就買米回來煮粥充飢，雖然生活相當艱苦，但早晚誦經卻一直沒有因此停止過。

後來有人來調查事情眞相，問老和尚有沒有損失，老和尚都默默不語，只告訴調查的人說，按照他的話回去報告就好了。

從二月到五月，一場災難總算過了，在各方的細心照顧下，老和尚的身體慢慢在休養中轉好。

第二年春，老和尚到了北京。

❖註釋❖

❶吉祥臥：右側臥，為最佳的睡臥姿勢。

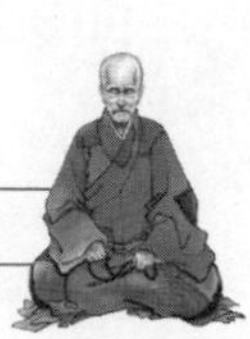

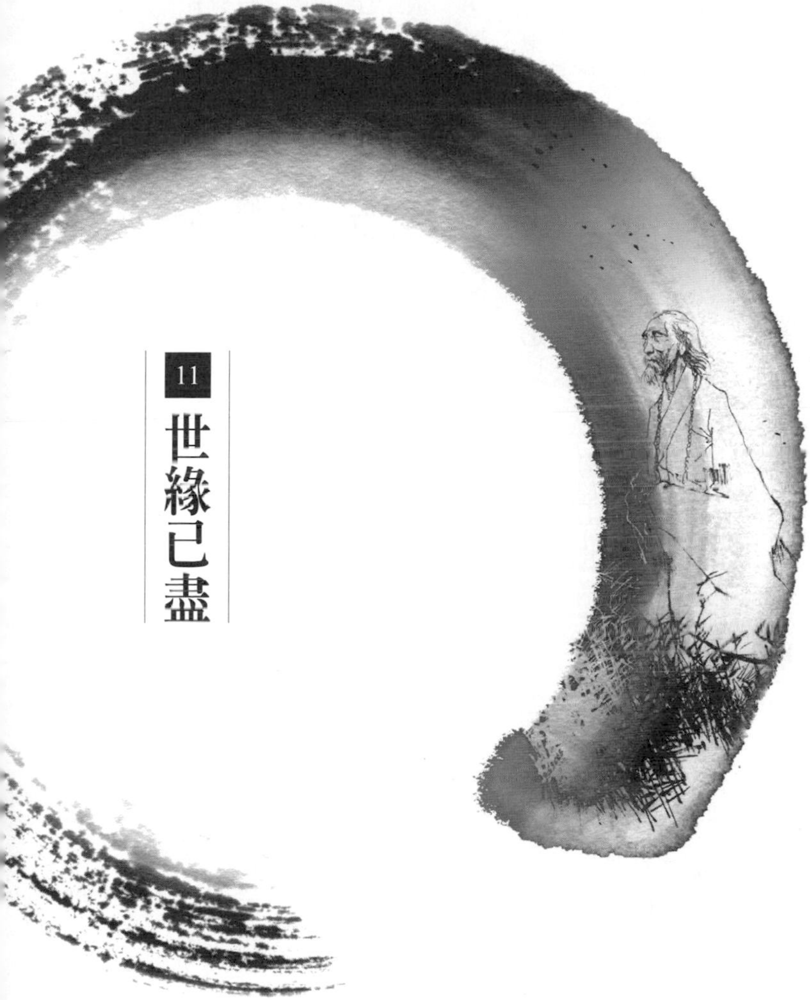

11 世緣已盡

老和尚到了北京，因爲對當時佛教界的一些改革看不慣，不願意擔任「中國佛教協會」會長，於是次年回到江西永修雲居山眞如寺。由於在抗日戰爭時候，寺庵曾遭戰火毀壞，所以大師發願恢復唐代雲居山的面貌。

雲居風景很秀麗，蘇東坡說過：

「雲居爲冠世絕境，大士所居，其中湖開明月，瀲灩寺前，三面平田，四山帶礪，巖巒盤曲，宛若蓮瓣矗抱。」

從蘇東坡的描寫，可以知道過去雲居景物之秀麗。民國四十三年（西元一九五四年）的春天，虛雲老和尚採取南華寺的樣式，重建眞如寺。先興建大殿，然後建虛懷樓、鐘鼓樓等殿堂，各殿依地勢而建，寺前有個像圓月形的湖，所以取名叫「明月湖」，面積約有一百多畝。每當日出時，金光蕩漾，與殿堂相映。

老和尚重建雲居山眞如寺，各方住眾隨喜非常踴躍，工程進度很快，有如神助。老和尚一生建築大小古剎數十處，都是以一杖入山，憑他的佛緣一一完成。

秋天，濬修明月湖，疏導青溪，挖出一大塊巨石，上面的字跡很模糊，稍稍拂拭後，略可看出這塊大石頭是佛印禪師當住持時，跟來訪的蘇東坡曾坐過的大石，後人於是取名爲「談心石」，並且在這裡建了一座橋做爲紀念，名爲「佛印橋」。

民國四十六年（西元一九五七年），虛雲老和尚一百一十八歲了。

老和尚親眼目睹雲居重建，完成心願。但是這時因爲時代環境的變化太大，竟有人指老和尚犯了十大罪狀：貪汙、反動、聚眾、思想錯誤、濫傳戒法等罪名，其中最讓人可笑的，是說虛雲老和尚謊報了年齡。

老和尚看了牆上批判他的大字報，很感慨地說：

「我出生在福建，出家在鼓山，這一切都有眞憑實據，可以查證呀！」

有些年輕的僧人不懂事，竟指罵老和尚「老頑固」，硬是給老和尚套上「右派」等罪名，向老和尚展開鬥爭、洗腦，逼著他下放從事勞動改革。

這時候因爲政治與社會環境的動盪，除了少數幾個僧人外，大部分的人都陷入不安。不過三門內外雖然貼滿了大字報，來勢洶洶，虛雲老和尚卻像沒事一樣。有人想替老和尚辯白，也都被他止住了。這樣不安的狀況，一直持續到第二年的六月才算安靜下來，但寺裡跟隨老和尚的弟子們，多已各奔他方。

老和尚身體漸漸不好，日夜無法安眠，但他一切聽其自然，說：

「人家常說三天命有兩天病，我卻是三天命有六天病。」

* * *

民國四十八年（西元一九五九年），大師一百二十歲。

海內外的弟子想爲大師祝壽，但被老和尚拒絕了。

老和尚心裡想的不是他自己，而是掛念著明月湖的修浚工作，以及海會塔才建到一半的事。

三月，老和尚仍然勉強料理事情，因爲他得了慢性消化不良，早晚只能喝一小碗的粥。老和尚告訴僧眾，眞如寺已經建好了，以後各界不要再捐錢匯款了。

四月，老和尚請來攝影師拍攝雲居山全山的風景、自己住過的牛棚，又照了張個人照，選了一張自己認爲最滿意的照片加印後，一一分送給捐款的信眾和弟子們。

八月，國內外來了好多祝壽的信眾弟子，虛雲老和尚精神非常好。到了八月三十日，老和尚在寮房門口貼了一張字條，上面寫著：「今天不會客。」

十月，老和尚病得很重，他請人在剛完工的海會塔供奉佛像，安放經卷，布置一番，以供僧人早晚念佛。

老和尚時喘時咳，已經進入昏迷狀態，有人想在一旁照顧，他都請別人出去，並且說：「我會自己料理。」

十二日中午，虛雲老和尚把佛龕❶請到他的禪室供奉，大家知道情況不好，全寺裡的方丈和職事弟子都趕來向老和尚問安。老和尚說：

「都到現在了，你們還做俗態，快去大殿給我念佛吧！」

大家請老和尚最後開示。老和尚緩緩地說：

「勤修戒定慧，息滅貪瞋癡。正念正心，養出大無畏的精神，度人度世。

好了，大家辛苦了，早早休息吧！」並且作了一首辭世詩：

少小離塵別故鄉，天涯雲水路茫茫。
百年歲月垂垂老，幾度滄桑得得忘。
但教群迷登覺岸，敢辭微命入爐湯。
眾生無盡願無盡，水月光中又一場。

雲居山地勢高聳，深秋寒風淒厲，山木搖動籟籟有聲。在深山參天古樹的禪室裡，有一盞如豆的燈火，明明滅滅，像在做熄滅前最後的閃動。禪室外露水成珠，牛棚裡只有老和尚靜靜躺在那裡，遠處大殿傳來了念佛聲。

虛雲老和尚常對人說：

「人生如夢，一切皆幻；空中飛鳥，有何蹤跡可尋？何況學道的人呢？」

這時候老和尚眼前浮現著過去一生種種，猶如一張一張清晰的照片在眼前一掠而過。五十多歲前，不辭艱苦修行，爲的是修福修慧，到處隨緣消業，可以說是爲了度己，一心向佛。

老和尚從五十六歲後，行遍天下，到處開荒，從來不主持現成的寺院，而是親手興建大小梵刹好幾十處。其中最能代表老和尚一生心血建成的寺院，有雲南的雲棲寺、廣東曲江的曹溪南華寺和乳源雲門大覺寺。至於前前後後度過的弟子就有一萬多人，乞戒皈依的更有百萬多人。

老和尚一直秉持著無我無私的精神在度人，從來沒有想到自己的享樂，所以不接受豐富的供養。最感人的是，老和尚明知道環境巨變，但是爲了保護百萬信徒，他竟不顧個人的安危留在大陸，這種偉大的精神不知道感化了多少人。

雲門事變對虛雲老和尚打擊很大，但當他到了北京後，東南一帶的虔誠信徒，邀請老和尚到上海建法會，後來又留老和尚在上海舉行禪七，整整有半個多月，信眾非常踴躍。這次可說是老和尚一生中最後一次，也是最重要的一次

法會，他把一生學佛心得毫無保留地公開講給信眾聽，影響深廣，因為在當時那種惡劣的環境中，確是一件了不起的人事。

到了十月十三日，農曆九月十二日，老和尚打坐，雙頰微紅。在外侍候老和尚的人不敢驚動他，只從窗外看見老和尚自己起床、喝水，然後禮佛。侍候的人怕老和尚摔跤，急忙進去扶他。老和尚說：

「我做了一個夢，有一頭牛把佛印橋的石頭踩斷了，碧溪的流水也斷流了。」

虛雲老和尚說完，就閉上眼睛不再說話。到了十二點半，他把一領大衣送給服侍他的弟子。那是他用生命爭取來的，所代表的不是一領大衣，而是老和尚護教護法的精神，然後合掌向弟子說聲珍重。到了下午，老和尚禪臥，靜悄悄地離開人世間。

時間是佛曆二五〇三年（西元一九五九年），己亥十月十三日。

虛雲老和尚的骨灰安葬在雲居山海會塔中，雖然老和尚一生結束了，但度人度世的精神，永遠不會讓人忘記，就像明月湖裡的湖水一樣清涼，像青溪中的巨石一樣，千年萬世仍然不會消失。

虛雲老和尚傳奇的一生，用文字是無法一一表達的，他艱辛的一生就像他最後留下的自書詩聯一樣：

> 坐閱五帝四朝，不覺滄桑幾度；
> 受盡九磨十難，了知世事無常。

❖ 註釋 ❖

❶ 佛龕：為安置佛像或經卷的器具，外形如櫥櫃，上為屋頂狀，下有須彌座，中間可放佛像，前有左右對開的門。

佛學視窗

- 時代背景
- 虛雲老和尚教導禪修的方法
- 虛雲老和尚的修持與感應
- 虛雲老和尚的貢獻
- 虛雲老和尚年表

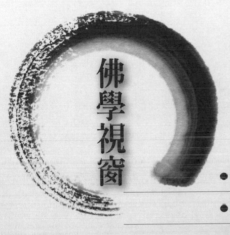

時代背景

虛雲大師出生於清宣宗道光二十年（西元一八四〇年），示寂於民國四十八年（西元一九五九年）秋。他的一生歷經了鴉片戰爭、太平天國叛亂、維新變法、義和團的排外、八國聯軍、辛亥革命、國民黨二次革命、洪憲帝制、軍閥割據、國民革命軍北伐、五四運動、八年抗戰、日本投降、國民黨與共產黨爭權、大陸大規模實行清算鬥爭等。

一八四〇年以後的中西接觸所引起的大變局，是近代中國轉變最重要的時期。在一八四二年以前，除俄國獲得與中國平等地位外，中國以天國自居，視外國爲藩屬，外國對中國亦莫測高深；一八四二年以後，中國的弱點暴露，外人向中國需索日多，中國無力以對，只好允許。

鴉片戰爭後數年，歐美各國與中國所定的通商條約，其內容大都是不平等的，如協定關稅，使本國工業無法與外國競爭；領事裁判權，使中國喪失了司法獨立；外國軍鑑可以直接駛入通商口岸，使中國國防藩籬盡撤；租界的

畫設，使外國對中國的經濟和文化的侵略獲得基地，西方勢力大量滲入中國。由於外患愈來愈嚴重，滿清政權益加由盛而衰。

國人不斷在各方面要求政府肆應，但由於舊體制不能應付新局勢，特別是外交、財政與經濟問題不能解決，內亂也因此而起，終於激起孫中山先生的國民革命。

民國初年，共和建立，國人醉心於民主政治，各派政黨出現，競逐政權。繼因國民黨勢盛，袁世凱政府加以非法打擊，激起國民黨的二次革命。二次革命失敗後，政治上缺乏監督政府的有效力量，自此以後，中央政府威德俱喪，終於演變為軍閥割據的局面。

爾後雖然經由國民革命軍北閥而統一國家，然而出於日本政客的野心，中國再度陷入八年的長期抗戰。抗戰勝利，日本投降不久，國民政府與共產政權再度衝突，而後國民政府退守台灣，中共領導大陸。

佛教漑況

清末在佛教方面，居士佛教成了近代佛教中的一環。有不少先進的讀書人，把佛教義學做爲可以挽救國家民族的精神武器。像龔自珍、魏源、康有爲、譚嗣同、梁啓超等人，都強調佛教悲天憫人的憂國憂民思想。爲挽救佛教的衰微，有不少有識之士，出面挽救，創立普通僧學堂，招收僧青年並積極培養佛教師資人才。此外，居士佛教對於佛典的蒐集與整理和義理的探索，也有新的發展。晚清以來，刻印佛經亦逐漸成爲風氣。

然而佛教僧團內部，則可以說是處境艱難。一方面是因爲鴉片戰爭後，清廷對西教盡量保護；其次，當時佛教僧侶多已名存實亡，不重視戒律與修持，大部分的出家人都是在趕經懺謀生賺錢，許多古老有名的寺院毀於兵亂或天災，更有不少的寺院財產被併呑占去。

此時的佛教禪宗的禪堂已有名無實，虛雲老和尚初到雲南雞足山時，全山沒有一個願意留單（讓出家人依住）的寺院，也看不到一個僧人，因爲他們都穿俗服，也不剃髮搭衣，根本認不出誰是僧人。

他們全不講修持，不上殿堂，連香都不燒，甚至抽菸、喝酒、用葷腥，享受寺產為他們主要的生活重心。虛雲老和尚感嘆禪宗道場廢弛，宗風淪墮，佛法無聞，律學不行，因此發願振興十方叢林，重建古剎。

民國三十八年（西元一九四九年），大陸政權由中共領導，佛教也深深受到波及，有不少僧侶紛紛避難至台灣、香港或東南亞等華僑居住地。中國大陸在共產黨的脅迫下，中國佛教再度遭受嚴重的破壞，百分之九十以上的僧尼被迫還俗，多數寺廟遭受破壞，或轉為其他用途。虛雲老和尚以一百一十歲的高齡，毅然從香港返回中國大陸，為保存佛教命脈而努力。

虛雲老和尚教導禪修的方法

深信因果，嚴持戒律

虛雲老和尚教人修行辦道的方法，先決條件是「深信因果」。因為種善因結善果，種惡因結惡果，乃是必然的道理。他認為如果不信因果，妄作胡為，不要說辦道不成，三途（指地獄、惡鬼、畜生三道）少不了有分。

其次，他指出：「要嚴持戒律。」用功辦道首要在持戒，戒是無上菩提的根本，如果不持戒而修行，就算有再好的禪定現在眼前，也會落入邪魔外道。所以說，如不持戒而修行是有問題的。

信心堅定，一門深入

再次，他強調必須要有「堅固的信心」，因爲信是道源功德母。無論做什麼事，若沒有信心，是做不好的。假使能如法修行，不退不悔，決定可以成佛。所以老和尚告訴我們，應當深信自己本來是佛，更應深信依法修行決定成佛。

此外，老和尚指示我們要選擇一個法門來修行，切不可朝秦暮楚。不論念佛也好，持咒也好，參禪也好，總要認定一門，堅持下去，永不退悔。今天不成功，明天再繼續，今年不成功，明年更努力。今世不成功，來世再用心。如果打不定主意，今天聽人說念佛好，就念兩天佛。明天聽人說參禪可以開悟，又參兩天禪。東弄弄，西弄弄，一生弄到死，總弄不出半點名堂，這是非常冤枉的。

生死心切，發長遠心

由於當時參禪的人，許多人毀謗淨土是小乘，是只求自己往生淨土的自了漢，老和尚認爲這是誤會，原因在於不了解「禪淨不二」的道理。他指出，參禪、念佛等法門，不過是針對眾生過去所種因緣與根機的不同，而方便對機、攝化教導而已，就好比醫病的藥汁一般，是沒有高下的分別。

而且法法本來可以互通，圓融無礙的。譬如念佛念到一心不亂，就好比是參禪；而參禪參到能所雙忘，也可以是念佛實相。所以虛雲老和尚雖然是禪宗巨將，然而也教人老實念佛。

老和尚更表明：參禪的目的，在明心見性。也就是要去掉自心的汙染，來實見自性的面目。汙染就是妄想執著，自性就是如來智慧德相。如來智慧德相，是諸佛所同具，無二無別，如果離了妄想執著，證得自己的如來智慧德相，這就是佛，否則就是眾生。

至於妄想如何除去？老和尚表示：最簡單的，莫如「歇即菩提」一個「歇」字。所以「萬緣放下，一念不生」這兩句話，是參禪人的先決條件。這兩句話如果不做到，參禪不但不能成功，就是入門都不可能。

另外，他指出看話頭，就是觀心。也就是看父母未生以前的本來面目，而「反聞自性」，也正是反觀自心。

虛雲老和尚認爲平常日用，都是在道中行，哪裡不是道場？本用不著什麼禪堂，也不是打坐才是禪。所以我們要時時反聞自性，這就是參禪。而參禪最重要的是「生死心切」和「發長遠心」，若是生死心不切，則不會產生疑情；而如果缺乏長遠心，則一曝十寒，工夫不成片。如果具備長遠心，老和尚相信「時節一到，自然瓜熟蒂落」。

虛雲老和尚的修持與感應

大師的修持

虛雲老和尚的修行，依據親近他的弟子說：「虛老對四眾弟子來請益的，不分男女老少，富貴貧賤，無不以平等慈悲的態度，諄諄開導。喜禪者令參禪，念佛者令生淨土，學教者令成法師，隨機說法，從不自讚毀他，自立門戶。他人凡來禮拜者，莫不以『還禮』相接見。除隨眾於殿堂外，便是專心於禪的修持，經常總是威儀嚴肅，衣履簡樸，房內除一榻、一櫃、一桌外，別無他物。」

此外，老和尚一生中，收到許許多多王公大臣、富豪商家及虔誠信眾所贈送的名貴古玩、珍珠、鑽石、寶玉及字畫等物品，他幾乎從不保存在身邊，而是沿途隨緣分贈他人。而平素所收到的大量供養金，也是一一請人登記，全數撥出修建寺院與七眾海會塔、捐助各地災民或給予常住使用。

大師的感應

虛雲老和尚的一生中，有「十難四十八奇」等事件，如：鼓山傳戒時，千年鐵樹開鳳尾花；雞足山講經時，庭前湧現顏色似金黃、大如盆的優曇缽羅花數十朵，數月不萎；雲棲寺（華亭寺）傳戒時，乾枯已久的梅花枯枝開白蓮、菜園湧現無數青蓮花，花上現立佛。

由於虛雲老和尚的改革，南華寺有一棵種植於宋代，已枯朽數百年之古木，再度發新枝；在淨慧寺舉行抗戰紀念追薦會七晝夜，結壇時，一株桃花突然開滿鮮麗明豔的花朵，得未曾有（因爲不是開花的時節）；率十餘僧人，移動了數百位工人無法移動的超級大石塊；曹溪河流一日內因大雨而沖開新河，一如所定界線，省去三千工人的昂鉅費用。

在泰國講經時，入定九日，轟動泰京；中日戰爭時，許多政要匯集在南華寺開會，有八架日本飛機盤旋並轟炸，結果日機相撞墜毀，寺院及所有人員安然無損。

虛雲老和尚一百一十二歲時，被暴徒擾劫，弟子妙雲被毆致死，老和尚亦屢遭毒打，筋骨打斷、牙齒脫落，以致昏厥，止食九日，然而老和尚依然活了過來……。這些都是眞實事件，而不是神話或虛幻的故事。

這種種的感應，都是因爲老和尚修定持戒，及高深道德與偉大人格而產生的。可見老和尚的「無我」精神，與「入地獄」的魄力，不但人們佩服，連天地萬物都深受感動。而老和尚「打落牙齒和血吞」及將「天下眾生一肩挑」的

聖者情懷，更是值得我們尊敬與學習。

虛雲老和尚的貢獻

虛雲老和尚是民國以來，傳法曹洞，兼嗣臨濟，中興雲門，匡扶法眼，延續溈仰，以一身而繫五宗法脈的禪宗大德。

老和尚六十一歲時曾隨清末皇室西行，啓建祝聖護國息災法會，聲名大噪於當時，事情結束後他潛居終南山，更名虛雲，號幻遊。他曾說服滇軍協統李根源，消弭逐僧毀寺的禍害；並曾調停漢藏糾紛，招撫盜匪楊天福、吳學顯，爲雲南昆明一帶的人民祛除戰禍。

他的行跡遍及四川、西康、西藏、印度、錫蘭、緬甸、泰國、檳榔嶼、麻六甲、吉隆坡、台灣等地，受到他感召而皈依受戒的除了千千萬萬的人以外，還有八哥鳥、好鬥雄雞、白狐狸、雌雄鵝、黃牛、老虎、樹神、龍王神……；。此外，凡遇天災人禍及一時遭遇危難，受師憐憫而施贈藥品糧食，因而獲安全的，難以盡述。另外，由法師設壇禮懺，薦亡息災而受益的眾生，更是不計其數。

由他所復興的著名道場有：雲南華亭寺（即雲棲寺）、雞足山祝聖禪寺、西竺寺、昆明勝因寺、松隱寺、曹溪南華叢林、福建鼓山湧泉寺、廣東乳源雲門禪寺、江西雲居眞如禪寺等，所建的大小寺院庵堂等共八十餘處。

虛雲老和尚不只是修建寺廟而已，更在於重整衰靡的佛教道風。他在各個寺院第一步進行的是寺院的改革。取消空名閒職，量才用人，使原本不講修持戒律的道場，逐漸清淨；第二步，是整理道風，重修禪堂，並設有學戒堂，恢復舊有的打坐、參禪制度。因而吸引非常多的僧人與信眾親近，使已經荒廢的道場再度興盛。

第三，是房屋的修建。配合山川形勢、陰陽風水等，在殘敗荒蕪的舊樓塔處，重新奠定地基，大興土木，建造新大殿、禪堂等房舍。由於他的努力，同一山中的其他寺院，也漸漸改革，穿僧服、喫素菜，且上殿禮佛。

由於老和尚重新整理、開禪堂、坐香、打七、講經並傳戒，很快地，使得許多地方衰敗的佛法現象扭轉過來。然而他從不戀棧名利，每每於寺院工程峻

工時，另覓一住持，然後兩手空空，悄然退隱。

他所撰述的作品有：《楞嚴經玄要》、《法華經略疏》、《遺教經註釋》、《圓覺經玄義》、《心經解》等書。然而，在雲門事變時，通通被奪去不知下落，現在僅存年譜、法語、開示、書信、詩歌等文字。只要完整讀了《虛雲和尚年譜》或事蹟的人，不管是不是佛教徒，都可以從中得到啓示，並且道心長養、勇氣倍增，深深地生起慚愧心與菩提心。

根據岑學呂所編《虛雲和尚法彙》中，共收集有詩歌、偈讚凡三百九十首，而其中的作品多是耐人尋味的佳作。在中國詩史上，雖然有長壽詩人，可是作品優美有深度，且克享遐齡到一百二十歲的，除了虛雲老和尚外，幾乎沒有。

民國四十一年，正是中共統領大陸，反對舊文化，鬥爭傳統保守者最嚴重的時期之一。「中國佛教協會」當年召開成立大會，此時會中有人提出《梵網經》、《四分律》、《百丈清規》這些典章，害死了許多青年男女，應該取消。又說大領衣服，是漢人俗服，不是僧服。現在僧人應當要改革，不准穿；

如其再穿，就是保守封建制度。又說信教自由，僧娶尼嫁，飲酒食肉，都應自由，誰也不能管。

此時一般人都不敢提出意見，唯有虛雲老和尚敢與他們爭論，強調戒律、年號、漢服不能毀。由於老和尚的堅持與力爭，終於保存了佛教道場、守住一部分的祖德清規，爲大陸的出家人保存一領大衣。

此外，老和尚拒絕擔任「中國佛教協會」會長一職。他這種不屈不撓，不受鬥爭挾迫，敢與惡勢力對抗的精神，可以說是全中國人的驕傲，更是千古的榜樣。

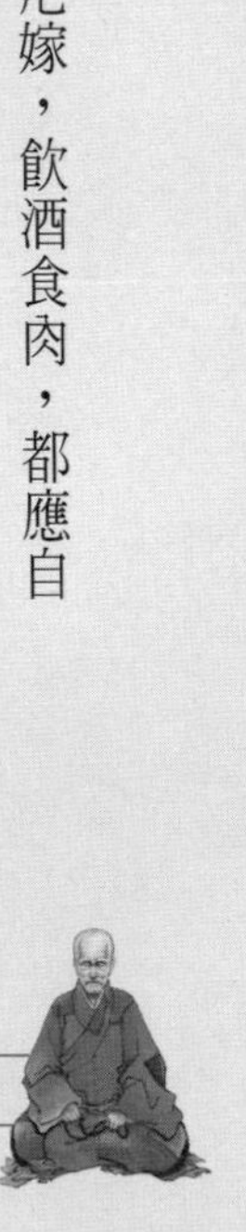

虛雲老和尚年表

中國紀元	西元	年齡	虛雲老和尚記事	相關大事
清宣宗道光二十年	1840	1	原籍湖南湘鄉，出生於福建泉州。母親產後隨即過世。	中英鴉片戰爭。
清文宗咸豐二年	1852	13	送祖母及母親靈柩回湖南老家安葬，偷偷離家被帶回。	
咸豐六年	1856	17	二度離家被送回泉州，娶田、譚二人爲妻。	太平軍內鬨、雲南回亂、亞羅號事件。
咸豐八年	1858	19	到福州鼓山湧泉寺出家，禮常開老和尚披剃。	中俄訂璦琿條約。英法聯軍攻陷大沽，與英、法、美、俄簽訂天津條約。

咸豐九年	1859	20	依妙蓮老和尚受具足戒，法號爲古巖，又名演徹，字德清。	
咸豐十年	1860	21	潛逃入鼓山後山，在古巖洞中禮懺、打坐。	英法聯軍攻陷北京，訂北京條約。
清穆宗 同治三年	1864	25	父親在湘鄉病故，庶母王夫人攜田、譚二媳同入佛門爲尼。	太平天國亡。
同治九年	1870	31	參禮、求教天台山華頂龍泉寺融鏡老法師。	
清德宗 光緒八年	1882	43	朝拜五台山，報父母恩，由浙江普陀山法華庵起香。	
光緒十年	1884	45	拜抵五台山，住顯通寺。三年間飢寒雪掩，痢疾腹瀉，三次大病，幸老乞丐文吉護救。	

光緒十一年	1885	46	至南五台山結茅息足（兩年餘）。	中法戰爭。
光緒十四年	1888	49	進入西藏，至不丹、緬甸、孟加拉等地弘揚佛法。	
光緒十八年	1892	53	住九華山，與普照、月霞、印蓮同弘五教儀，研究賢首宗經教三年。	
光緒二十一年	1895	56	在江蘇揚州高旻寺連打十二個禪七，因沸水燙手，茶杯墮地，一聲破碎，頓斷疑根，如大夢初醒。	馬關條約，割台灣、遼東半島給日本。
光緒二十六年	1900	61	再度參訪五台山及五嶽名山。避居終南山獅子巖，並改號「虛雲」。	義和團作亂，扶清滅洋。八國聯軍攻陷北京，清廷王公大臣倉皇避居西安。
光緒二十九年	1903	64	於昆明福興寺閉關。	

光緒三十年	1904	65	復興大理雞足山迦葉道壇並傳戒，於大理崇聖寺講《法華經》，旋赴騰衝。	日俄戰爭。
光緒三十一年	1905	66	再度前往南洋弘法，經緬甸、麻六甲與吉隆坡等地。隔年返國，經台灣參訪基隆靈泉寺。	
清遜帝宣統三年	1911	72	於雞足山傳戒，結夏安居。	廣州三二九之役，八月武昌起義。
民國十一年	1922	83	重修雲南雲棲寺（華亭寺）。	
民國十二年	1923	84	修建七眾海會塔。	
民國十八年	1929	90	回福建鼓山任住持，重建鼓山。	
民國二十三年	1934	95	重建六祖曹溪南華寺道場。於正殿結壇說菩薩戒時，猛虎臨門，受三皈依而去。	

民國三十三年	1944	105	於雲門山大覺寺重建雲門宗道場。	
民國三十八年	1949	110	在香港弘法，時局動盪不安，眾人勸其暫留香港，弘法利生。惟老和尚心繫大陸數萬僧尼安危，遂重返雲門山，繼續大覺寺重建工程。	十月，中共成立「中華人民共和國」。十二月，國民政府遷往台灣。
民國四十年	1951	112	春戒期中，發生「雲門事變」，匪徒搜尋未果，被毒打一頓。	
民國四十一年	1952	113	婉拒擔任「中國佛教協會」會長一職。	
民國四十三年	1954	115	赴江西永修雲居山，重建真如寺。	
民國四十八年	1959	120	圓寂於雲居山真如寺。	

國家圖書館出版品預行編目資料

風雲一奇僧：虛雲老和尚 / 馬景賢著；劉建志繪. -- 二版. -- 臺北市：法鼓文化, 2009.06

面； 公分

ISBN 978-957-598-467-0(平裝)

224.515　　98006836

高僧小說系列精選 3

風雲一奇僧
——虛雲老和尚

法鼓文化

著者／馬景賢
繪者／劉建志
出版者／法鼓文化事業股份有限公司
編輯總監／釋果賢
主編／陳重光
編輯／李金瑛、李書儀
佛學視窗／朱秀容
封面設計／兩隻老虎廣告設計有限公司
內頁美編／連紫吟、曹任華
地址／台北市北投區公館路186號5樓
電話／(02)2893-4646　傳真／(02)2896-0731
網址／http://www.ddc.com.tw
E-mail／market@ddc.com.tw
讀者服務專線／(02)2896-1600
初版一刷／1996年9月
二版一刷／2009年6月
建議售價／新台幣160元
郵撥帳號／50013371
戶名／財團法人法鼓山文教基金會—法鼓文化
北美經銷處／紐約東初禪寺
Chan Meditation Center (New York, U.S.A.)
Tel／(718)592-6593　Fax／(718)592-0717